Dr. Oetker
Studentenfutter

BEST OF

Dr. Oetker

Studentenfutter

BEST OF

Dr. Oetker Verlag

Vorwort

Nach einem langen Tag an der Uni – endlich zu Hause, doch allein in der Küche fühlen wir uns wie Erstklässler. Der Hunger ist groß und der Magen knurrt. Jetzt soll es schnell gehen und satt machen. Aber schon wieder Dosensuppe, Tütennudeln oder Tiefkühlpizza?

Beim Studium des Kühlschrankes dann die bittere Erkenntnis: Der Inhalt entspricht nicht dem gefühlten Loch im Bauch. Vereinzelte frische Zutaten wecken Hoffnung – doch was damit anstellen? Dann der Geistesblitz. Studentenfutter aufschlagen!

Hier finden Sie tolle Rezepte, die aus wenigen Zutaten eine große Mahlzeit machen. Für Einen oder für Zwei – je nach Hunger– , für Vegetarier oder fürs Monatsende. Ganz einfach, ganz schnell. Mal aus frischen Zutaten zubereitet, mal mit Tipps wie es mit Fertigprodukten noch schneller geht und immer lecker schmeckt.

Mit Studentenfutter beginnt die Praxis am Herd.

Für den ewigen Hunger

Ob Fleischesser, Gelegenheits-Grünfutterer oder überzeugter Vegetarier – hier sind die leckeren Rezepte, die in null Komma nix auf dem Teller sind.

Zu vielen Rezepten gibt es Ideen für tolle Beilagen, die das Essen komplett machen – also nicht nur schnell, sondern auch satt!
Also – wie wäre es mit Penne all'arrabiata, gefüllten Kartoffelplätzchen oder Linsen-Fisch-Auflauf? Oder lieber etwas Kleines wie Dolma oder Asia-Suppe?

Kurz mal dem grauen, tristen Uni-Alltag und dem Prüfungsstress entfliehen und was Leckeres essen!

Studentenfutter bietet diese Möglichkeit, zumindest am heimischen Herd. In diesem Kapitel finden Sie Heimisches und Multikulti – natürlich wieder mit Tipps und Tricks – wenn es schnell gehen muss oder was Vegetarisches sein soll.

Diese Gerichte sind easy, knackig, lecker!

Gut vorzubereiten
Japanischer Tofu-Eintopf

Zubereitungszeit: etwa 25 Minuten, für 2 Personen.

Zutaten:

etwa 500 ml (½ l) Wasser
2 EL Weißweinessig
150 g Schwarzwurzeln
100 g Möhren
100 g vorwiegend festkochende
Kartoffeln
100 g weißer Rettich (ersatzweise
Knollensellerie oder Petersilienwurzel)
400 ml Gemüsebrühe
½ Bund Frühlingszwiebeln
150 g Shiitake-Pilze
200 g Tofu
1 EL Sesamöl
1 EL Sojasauce
Cayennepfeffer

Pro Portion:
E: 21 g, F: 15 g, Kh: 23 g,
kJ: 1248, kcal: 298, BE: 1,0

Zubereitung:

1. Wasser mit Essig in einer Schüssel verrühren. Schwarzwurzeln unter fließendem kalten Wasser gründlich abbürsten, dünn schälen, abspülen und abtropfen lassen. Schwarzwurzeln erst in etwa 3 cm lange Stücke, dann in dünne Stifte schneiden. Schwarzwurzeln sofort in das Essigwasser legen, damit sie weiß bleiben.

2. Möhren putzen, schälen, abspülen und abtropfen lassen. Kartoffeln schälen, abspülen und abtropfen lassen. Rettich (Sellerie bzw. Petersilienwurzel) schälen, abspülen und abtropfen lassen. Die Zutaten längs vierteln und in dünne Scheiben schneiden. Schwarzwurzeln in ein Sieb geben und abtropfen lassen.

3. Gemüsebrühe in einen Topf geben und aufkochen lassen. Vorbereitetes Gemüse in die heiße Brühe geben, erneut aufkochen und mit Deckel etwa 5 Minuten bei schwacher Hitze köcheln lassen.

4. Inzwischen Frühlingszwiebeln putzen, abspülen, abtropfen lassen und in etwa 1 cm lange Stücke schneiden. Shiitake-Pilze mit Küchenpapier abreiben. Stiele herausdrehen oder abschneiden. Die Pilzköpfe in feine Streifen schneiden. Tofu in Würfel schneiden.

5. Frühlingszwiebelstücke, Pilzstreifen und Tofuwürfel in den Eintopf geben und kurz aufkochen. Eintopf mit Sesamöl, Sojasauce und Cayennepfeffer abschmecken, dann servieren.

Variante 1:

Für einen grünen, japanischen Tofu-Eintopf mit Pilzen das Gemüse durch je 100 g Zuckerschoten, Staudensellerie, grüne Paprikaschote und Zucchini ersetzen.

Tipp:

Shiitake-Pilze wachsen zwar ganzjährig, sind aber nicht immer im Handel erhältlich. Stattdessen können Sie Champignons verwenden.

Noch ein Tipp:

Schwarzwurzeln gibt es frisch nur in den Monaten Oktober bis März zu kaufen. Alternativ Schwarzwurzeln aus dem Glas verwenden. Diese in einem Sieb abtropfen lassen, je nach Größe quer durchschneiden und mit den Zutaten in die heiße Brühe geben.

Variante 2:

Feuertopf (für 2 Personen). Hierfür 12,5 g getrocknete Shiitake-Pilze nach Packungsanleitung einweichen. Anschlie-
ßend die Pilze herausnehmen, abtropfen lassen. Die Köpfe in Streifen schneiden und das Einweichwasser beiseitestellen.
Etwa 100 g Möhren putzen, schälen, abspülen und abtropfen lassen. Etwa 100 g Zucchini abspülen, abtrocknen und die
Enden abschneiden. Möhren und Zucchini erst in etwa 5 cm dicke Scheiben, dann in Streifen schneiden. 100 g Pak Choi
(ersatzweise Chinakohl) abspülen, abtropfen lassen und in mundgerechte Stücke schneiden. 400 ml Gemüsebrühe mit dem
Einweichwasser (von den Pilzen) und 1 Esslöffel Sojabohnen-Paste (aus dem Asialaden) verrühren und aufkochen. Nach
und nach Möhren, Pilze, Zucchini und Pak Choi hinzugeben. Etwa 10 Minuten mit Deckel bei schwacher Hitze köcheln lassen.
40 g chinesische Eiernudeln hinzugeben und kurz mitgaren.
75–100 g Tofu in Würfel schneiden. ½ Bund Frühlingszwiebeln putzen, abspülen, abtropfen lassen und in etwa 3 cm
große Stücke schneiden. Tofu und Frühlingszwiebeln in den
Feuertopf geben und kurz darin erwärmen. Feuertopf nach
Belieben mit ½ Esslöffel Sesamöl, mit chinesischer Sojasauce und Chilisauce abschmecken.

Grundrezept Zubereitung:

1. Gemüse vorbereiten und eventuell zerkleinern. Zwiebel abziehen und würfeln. Butter oder Öl in einem Topf erhitzen. Zwiebelwürfel darin unter Rühren andünsten.

2. Das vorbereitete Gemüse hinzufügen und unter Rühren mitdünsten. Brühe zugießen, alles zum Kochen bringen und gar kochen lassen.

3. Die Suppe anschließend im Mixer oder mit dem Pürierstab pürieren, mit Salz und Pfeffer und entsprechenden Gewürzen abschmecken. Nach Belieben eine Einlage in die Suppe geben und die Suppe servieren.

Brokkoli-Cremesuppe: Von 350 g Brokkoli die Blätter entfernen, Röschen abschneiden, die Stängel schälen, in Stücke schneiden und beides waschen. Stängel mit den Röschen zu den Zwiebelwürfeln in den Topf geben. Nach der Brühezugabe in etwa 8 Minuten mit Deckel bei mittlerer Hitze gar kochen, anschließend pürieren. Die Suppe zusätzlich mit geriebener Muskatnuss abschmecken. Die Suppe nach Belieben mit 1–2 Teelöffeln Joghurt, 1 Teelöffel gehobelten, gerösteten Mandeln oder etwas gehackter Petersilie pro Portion servieren.

Möhren-Cremesuppe: 350 g Möhren schälen, Grün und Spitzen abschneiden, Möhren waschen, abtropfen lassen und in etwa 1 cm dicke Scheiben schneiden. Nach der Brühezugabe in 12–15 Minuten mit Deckel bei mittlerer Hitze gar kochen, anschließend pürieren. Die Suppe zusätzlich mit Zucker und nach Belieben mit gemahlenem oder etwas frisch geriebenem Ingwer abschmecken. Die Suppe nach Belieben mit 1–2 Teelöffeln Crème fraîche, 1 Teelöffel gerösteten Sesamsamen, etwas gehacktem Dill oder einigen Streifen Räucherlachs pro Portion servieren.

Süßkartoffel-Cremesuppe: 1 Zwiebel abziehen und grob hacken. 350 g orangefleischige Süßkartoffeln waschen, schälen und in grobe Stücke schneiden. 1 kleine, rote Chilischote halbieren, entkernen. 1 Esslöffel Olivenöl in einem Topf erhitzen. Zwiebel und Süßkartoffelwürfel in dem heißen Öl kurz dünsten. Mit Geflügel- oder Gemüsebrühe ablöschen. Chilischote dazugeben, kurz aufkochen lassen und bei mittlerer Hitze etwa 20 Minuten mit Deckel garen. Die Suppe pürieren. 50 ml Kokosmilch (ungesüßt) dazugeben. Mit Salz, Pfeffer, Muskat, Kardamomoder Currypulver und etwas Zucker abschmecken und mit Schnittlauchröllchen bestreuen.

Dazu passt:

Ofenfrisches Baguette oder Fladenbrot.

Tipp:

Als weitere Einlagen können Sie z. B. Croûtons, Fetawürfel (Schafkäse), Fleischklößchen, 50–75 g rohen oder gekochten, in Streifen geschnittenen Schinken, 75 g in Streifen geschnittenen Räucherlachs oder 50–100 g Krabben kurz vor dem Servieren in die Suppe geben, kurz erwärmen.

Simpel
Gemüsecreme-Suppe

Dauert etwa 40 Minuten
für 1–2 Personen.

11

Asia-Suppe
Ganz einfach

Dauert etwa 35 Minuten, ohne Marinierzeit, für 1–2 Personen.

Zubereitung:

1. Hähnchenbrustfilet unter fließendem kalten Wasser abspülen, trocken tupfen und quer in Streifen schneiden. Filetstreifen in eine flache Schale legen.

2. Für die Marinade Chili waschen, abtrocknen, längs halbieren, entkernen und die Chilihälften fein hacken. Chili mit 2 Esslöffeln Sojasauce und Curry vermengen, über die Filetstreifen gießen und mit Frischhaltefolie zugedeckt etwa 15 Minuten marinieren lassen. Das Fleisch gelegentlich wenden.

3. Inzwischen von der Fenchelknolle den Stiel dicht oberhalb der Knolle abschneiden. Braune Stellen und Blätter entfernen und etwas Fenchelgrün zum Garnieren beiseitelegen. Die Wurzelenden gerade schneiden. Die Knolle waschen, abtropfen lassen, halbieren und in Streifen schneiden.

4. Möhre putzen, schälen, waschen, abtrocknen und in Scheiben schneiden. Frühlingszwiebeln putzen, waschen, abtropfen lassen und in feine Scheiben schneiden.

5. Öl in einem Topf erhitzen. Fenchelstreifen, Möhren- und Frühlingszwiebelscheiben darin unter Rühren bei mittlerer Hitze 3–4 Minuten dünsten. Brühe hinzugießen, die Zutaten zum Kochen bringen und zugedeckt etwa 6 Minuten bei mittlerer Hitze garen.

6. Anschließend die Hähnchenbrustfiletstreifen mit der Marinade hinzufügen. Die Suppe nochmals zum Kochen bringen und zugedeckt 6–8 Minuten bei mittlerer Hitze kochen lassen. Ab und zu umrühren.

7. Die Suppe vor dem Servieren mit etwas Sojasauce, Pfeffer und Curry abschmecken. Beiseitegelegtes Fenchelgrün abspülen, trocken tupfen und fein hacken. Die Suppe mit Fenchelgrün bestreut servieren.

Variante:

Für **Glasnudelsuppe mit Porree** (1–2 Personen) 2 Stangen Porree (Lauch, etwa 300 g) putzen, dafür die Außenblätter entfernen, Wurzelenden und dunkles Grün abschneiden. Die Stangen längs halbieren, gründlich waschen, abtropfen lassen und quer in feine Streifen schneiden. 50 g Glasnudeln nach Packungsanleitung einweichen, anschließend mit einer Küchenschere zerschneiden, beiseitestellen. 1 Esslöffel Butter in einem Wok oder einer beschichteten Pfanne erhitzen. Porreestreifen darin andünsten. Mit 500 ml (½ l) Gemüsebrühe auffüllen. Zugedeckt den Porree etwa 5 Minuten bei mittlerer Hitze garen. In der Zwischenzeit 3–4 Stängel Zitronenmelisse kalt abspülen, trocken tupfen, die Blättchen von den Stängeln zupfen, einige Blättchen zum Garnieren beiseitelegen und den Rest hacken. Glasnudeln, 1 Esslöffel helle Sojasauce und 1–1½ Esslöffel frisch gepressten Zitronensaft zu dem Porree in den Wok geben und aufkochen lassen. Mit Salz, Pfeffer und Cayennepfeffer abschmecken. Kurz vor dem Servieren gehackte Zitronenmelisse unterheben. Die Suppe mit den beiseitegelegten Zitronenmelisseblättchen garnieren. Nach Belieben zusätzlich 100 g Sojasprossen (frisch oder aus dem Glas) und kleine Mett- oder Geflügelbällchen, oder geräucherte, in Streifen geschnittene Hähnchenbrust in die Suppe geben und kurz miterwärmen.

Zutaten:

1 kleines Hähnchenbrustfilet
(125–150 g)
1 kleine rote Chilischote
2–3 EL helle Sojasauce
Currypulver
1 große Fenchelknolle (etwa 250 g)
1 Möhre
½ Bund Frühlingszwiebeln
1 EL Speiseöl, z.B. Sonnenblumenöl
500 ml (½ l) Gemüsebrühe
frisch gemahlener Pfeffer
nach Belieben etwas Currypulver

Pro Portion:
E: 22 g, F: 6,5 g, Kh: 11,5 g,
kJ: 814, kcal: 195, BE: 0

Vegetarisch – simpel
Penne all' arrabbiata
Dauert 30 Minuten, für 1–2 Personen.
Vorsicht! Scharf

Zutaten:

2 l Wasser
Salz
200 g Penne (Nudeln)
2 Schalotten (ersatzweise Zwiebeln)
1 Knoblauchzehe
1 rote Chilischote
2 EL Olivenöl
1 TL Tomatenmark
250 ml (¼ l) Tomatensaft
frisch gemahlener Pfeffer
1–2 EL geriebener Parmesan-Käse
(ersatzweise Pecorino-Käse)
1 EL gehackte Petersilienblättchen

Pro Portion:
E: 23 g, F: 20 g, Kh: 100 g
kJ: 2907, kcal: 695, BE: 8,0

Zubereitung:

1. Wasser in einem großen, geschlossenen Topf zum Kochen bringen. Etwa 1 Teelöffel Salz und Nudeln zugeben. Die Nudeln im geöffneten Topf bei mittlerer Hitze nach Packungsanleitung bissfest (al dente) kochen, dabei gelegentlich umrühren. Anschließend Nudeln in ein Sieb geben, mit heißem Wasser abspülen und gut abtropfen lassen.

2. Schalotten und Knoblauchzehe abziehen, fein hacken. Chilischote abspülen, abtrocknen, längs aufschneiden, entkernen und die Schote in feine Streifen schneiden.

3. Öl in einem Topf erhitzen, Schalotten mit Knoblauch darin unter gelegentlichem Rühren glasig dünsten. Chilischotenstreifen mit Tomatenmark hinzufügen und alles 2–3 Minuten unter Rühren mitdünsten. Tomatensaft zugießen und alles auf ein Drittel bei mittlerer bis großer Hitze einkochen lassen, dann durch ein feines Sieb passieren und mit Salz und Pfeffer abschmecken.

4. Die Nudeln in die heiße Tomatensauce geben und verrühren. Auf Tellern anrichten, mit Parmesan- oder Pecorino-Käse und gehackter Petersilie bestreuen.

Tipp:

Die Tomatensauce pürieren und durch ein feines Sieb streichen. Den frischen Knoblauch und die frischen Kräuter einfach durch TK-Produkte ersetzen.

Variante:

Spaghetti mit Tomaten-Basilikum-Sauce. Dafür 200 g Spaghetti wie oben beschrieben nach Packungsanleitung zubereiten. Inzwischen für die Sauce 2 Fleischtomaten (400 g) kreuzweise einschneiden und kurz in kochendes Wasser legen. Anschließend in kaltem Wasser abschrecken, enthäuten, halbieren, entkernen und Stängelansätze herausschneiden. Tomatenfruchtfleisch in Würfel schneiden. 1 Zwiebel und 1 Knoblauchzehe abziehen und beides fein würfeln. 2 Esslöffel Olivenöl in einer Pfanne erhitzen. Zwiebel- und Knoblauchwürfel darin andünsten. Tomatenwürfel hineingeben und mit andünsten. 1–2 Esslöffel trockenen Rotwein hinzufügen. Mit Salz, Pfeffer und Oregano würzen. 5–6 Stängel Basilikum abspülen, trocken tupfen, die Blättchen von den Stängeln zupfen und in feine Streifen schneiden. Basilikum in die Sauce rühren. Die Spaghetti mit der Tomaten-Basilikum-Sauce servieren und nach Belieben mit 1–2 Esslöffeln geriebenem Parmesan-Käse bestreuen.

Zubereitung:

1. Wasser in einem großen, geschlossenen Topf zum Kochen bringen. Dann Salz und Nudeln zugeben. Die Nudeln im geöffneten Topf bei mittlerer Hitze nach Packungsanleitung bissfest kochen, dabei gelegentlich umrühren. Anschließend die Nudeln in ein Sieb geben, mit heißem Wasser abspülen und abtropfen lassen.

2. In der Zwischenzeit Paprikaschoten halbieren, entstielen, entkernen und die weißen Scheidewände entfernen. Schoten abspülen, abtropfen lassen und in schmale Streifen schneiden. Eier und Milch verquirlen. Eiermilch mit Salz, Pfeffer und Paprika würzen.

3. Speiseöl in einer großen Pfanne erhitzen. Paprikastreifen darin unter mehrmaligem Wenden etwa 2 Minuten dünsten. Nudeln hinzufügen. Die Eiermilch gleichmäßig darübergießen. Die Masse bei schwacher Hitze in etwa 5 Minuten stocken lassen, eventuell einmal wenden. Sofort servieren.

Dazu passt:

Tomatenketchup oder eine fertige Tomatensauce aus der Packung.

Variante:

Statt Paprikastreifen 250 g Brokkoliröschen (TK oder frisch) verwenden. Diese zuvor 4–5 Minuten in wenig Salzwasser andünsten.

Zutaten:

2½ l Wasser
1 gestr. TL Salz
200 g bunte Nudeln, z. B. Spirelli
je 1 rote und grüne Paprikaschote
2 Eier (Größe M)
4 EL Milch
frisch gemahlener Pfeffer
Paprikapulver edelsüß
2 TL Speiseöl

Pro Portion:
E: 27 g, F: 19 g, Kh: 101 g
kJ: 2907, kcal: 695, BE: 7,5

Buntes Nudel-Durcheinander

Macht richtig satt

Dauert 30 Minuten, für 1–2 Personen.

Einfach zuzubereiten
Kokosmilch-Pilaw

Zubereitungszeit: etwa 40 Minuten,
ohne Abkühlzeit,
für 2 Personen.

Zubereitung:

1. Zwiebel abziehen und fein würfeln. Staudensellerie putzen und die harten Außenfäden abziehen. Sellerie abspülen, abtropfen lassen und in Scheiben schneiden. Paprikaschote halbieren, entstielen, entkernen und die weißen Scheidewände entfernen. Schote abspülen, abtropfen lassen und in Streifen schneiden.

2. Cashewkerne grob hacken. Zitrone heiß abwaschen, abtrocknen und einen dünnen Streifen von der Schale abschneiden. Zitrone halbieren, den Saft auspressen und den Saft beiseitestellen.

3. Butter in einem Topf zerlassen. Zwiebelwürfel und Langkornreis zufügen und darin unter Rühren glasig dünsten. Selleriescheiben, Paprikastreifen, Nüsse und TK-Erbsen zugeben, kurz mitdünsten. Gemüse mit Salz und Pfeffer würzen. Die Kokosmilch hinzugießen und die Zitronenschale zugeben. Alles aufkochen lassen und den Reis mit Deckel nach Packungsanleitung bei schwacher Hitze etwa 15 Minuten gar ziehen lassen.

4. Inzwischen die Kokosraspel in einer Pfanne ohne Fett goldbraun rösten, dann auf einem Teller abkühlen lassen.

5. Die Zitronenschale aus dem Pilaw entfernen. Den Pilaw mit dem beiseitegestellten Zitronensaft (etwa 3 Esslöffel) und der Petersilie vermengen. Das Pilaw mit Salz und Pfeffer kräftig abschmecken. Kokospilaw mit den gerösteten Kokosraspeln bestreuen.

Kleine Warenkunde:

Pilaw kommt ursprünglich aus dem Orient und heißt übersetzt Reisgericht. Es wird entweder mit Gemüse, Fisch, Geflügel oder Fleisch zubereitet und kräftig gewürzt.

Tipps:

Statt TK-Erbsen können Sie auch 100 g frisch gepalte Erbsen verwenden. Beim Einkauf müssen Sie dafür etwa 300 g ungepalte Erbsen (mit Hülsen, auch Erbsenschoten genannt) einplanen. Für das Rezept die Erbsen palen, abspülen und abtropfen lassen. Die frischen Erbsen mit dem Gemüse zum Reis geben, kurz andünsten und weiter wie im Rezept beschrieben verarbeiten. Kokosmilch hält sich angebrochen im Kühlschrank etwa 4 Tage.

Noch ein Tipp:

Wer Kokosmilch nicht mag, kann das Pilaw auch mit Gemüsebrühe zubereiten. Den Reis und das Gemüse dann in 200 ml Brühe garen.

Variante:

Wer mag, bereitet aus der übrigen Kokosmilch in den nächsten Tagen ein **Möhren-Mais-Pilaw mit Paprika** (für 2 Personen) zu. Hierfür 1 Möhre (etwa 125 g) putzen, schälen, waschen und abtropfen lassen. Möhre der Länge nach halbieren und in Scheiben schneiden. 1 grüne Paprikaschote halbieren, entstielen, entkernen und die weißen Scheidewände entfernen. Schote waschen, abtropfen lassen und in Streifen schneiden. 1 kleine Dose Gemüsemais (Abtropfgewicht 140 g) in einem Sieb abtropfen lassen. Das Gemüse zum angedünsteten Reis in den Topf geben und alles weiter wie im Rezept beschrieben zubereiten.

Zutaten:

1 kleine Zwiebel
150 g Staudensellerie
1 gelbe Paprikaschote
1 EL Cashewkerne
1 Bio-Zitrone (unbehandelt, ungewachst)
1 EL Butter
100 g Langkornreis
100 g TK-Erbsen
Salz
frisch gemahlener Pfeffer
½ Dose ungesüßte Kokosmilch
(200 ml)
1 EL Kokosraspel
1 EL frisch gehackte Petersilie

Pro Portion:
E: 12 g, F: 34 g, Kh: 57 g,
kJ: 2465, kcal: 592, BE: 4,5

Garnelen in Curry-Kokosmilch

Dauert etwa 20 Minuten, für 1–2 Personen.

Süß und feurig

Zutaten:

200 ml ungesüßte Kokosmilch
etwa ½ EL gelbe Currypaste
(erhältlich im Asialaden)
250 g geschälte Riesengarnelen
1 EL Fischsauce (erhältlich im Asialaden)
1 TL Zucker oder Honig
1 Stängel Koriander (ersatzweise
1 Prise getrockneten Koriander)
½–1 rote Chilischote
(ersatzweise Chiliflocken)
1–2 TL frisch gepresster Limettensaft
Salz
frisch gemahlener Pfeffer

Nach Belieben:
einige Limettenscheiben

Pro Portion:
E: 27 g, F: 20 g, Kh: 9 g,
kJ: 1348, kcal: 325, BE: 1

Zubereitung:

1. Die Hälfte der Kokosmilch in einem Topf oder Wok erhitzen. Currypaste hinzugeben und mit der Kokosmilch verrühren. Curry-Kokosmilch bei mittlerer Hitze 2–3 Minuten kochen lassen.

2. Garnelen der Länge nach einschneiden, den dunklen Darm entfernen. Garnelen kalt abspülen und trocken tupfen. Garnelen in die Curry-Kokosmilch geben und etwa 1 Minute mitkochen lassen. Die restliche Kokosmilch, Fischsauce und Zucker oder Honig hinzugeben, alles gut verrühren. Die Zutaten weitere 2 Minuten kochen lassen.

3. Koriander abspülen, trocken tupfen, die Blättchen von den Stängeln zupfen. Blättchen fein hacken. Chilischote halbieren, entstielen und entkernen. Schote waschen, trocken tupfen und quer in dünne Streifen schneiden. Koriander und Chilistreifen zu den Garnelen geben und kurz unterrühren. Die Kokosmilch mit Limettensaft, Salz und Pfeffer abschmecken.

4. Nach Belieben die Garnelen in Curry-Kokosmilch mit Limettenscheiben garniert servieren.

Dazu passt:

Gegarter Reis oder Baguette mit grünem gemischten Blattsalat. Mit Soja- oder Mungobohnensprossen bekommt der Salat das asiatische Flair.

Tipp:

Statt frischer Riesengarnelen TK-Riesengarnelen (geschält, ohne Schwanz) verwenden. Dafür Riesengarnelen nach Packungsanleitung auftauen lassen. Evtl. den Darm entfernen, Garnelen kalt abspülen und trocken tupfen.

Kleine Warenkunde:

Fischsauce ist ein flüssiges Extrakt aus fermentiertem Fisch. Currypasten gibt es in rot, grün und gelb, ihr Geschmack reicht von scharf bis mild. Milde Sorten empfinden die meisten von uns Europäern auch noch als ganz schön scharf. Deshalb am Anfang sparsam verwenden! Currypasten halten sich angebrochen im Kühlschrank einige Monate.

Zutaten:

½ Zwiebel
1 Knoblauchzehe
2 EL Olivenöl
100 g Risottoreis, z.B. Arborio-Reis
1 gestr. TL Currypulver
5–6 EL (etwa 70 ml) Weißwein
250 ml (¼ l) Gemüsebrühe
2 kleine Tomaten (etwa 100 g)
100 g Zuckerschoten
200 g Cabanossi (geräucherte
Knoblauchwurst)
Salz
frisch gemahlener Pfeffer

Pro Portion:
E: 20 g, F: 40 g, Kh: 47 g,
kJ: 2722, kcal: 650, BE: 4,0

Cabanossi-Reis-Pfanne
Ganz simpel

Dauert etwa 45 Minuten,
für 1–2 Personen.

Zubereitung:

1. Zwiebel und Knoblauchzehe abziehen und würfeln. Öl in einer beschichteten Pfanne erhitzen. Zwiebel- und Knoblauchwürfel darin anbraten. Risottoreis einstreuen, Currypulver hinzufügen und unter Rühren so lange anbraten, bis die Reiskörner glasig sind.

2. Jeweils die Hälfte des Weißweins und der Brühe hinzufügen und ohne Deckel garen, bis die Flüssigkeit vom Reis aufgenommen ist, dabei ab und zu umrühren. Dann die restliche Flüssigkeit hinzufügen und etwa 10 Minuten weitergaren.

3. In der Zwischenzeit Tomaten abspülen, kreuzweise einschneiden und kurz in kochendes Wasser legen. Anschließend in kaltem Wasser abschrecken, enthäuten und Stängelansätze entfernen. Tomaten halbieren, entkernen und in Spalten schneiden.

4. Von den Zuckerschoten die Enden abschneiden, die Schoten evtl. abfädeln, waschen und abtropfen lassen. Große Zuckerschoten quer halbieren.

5. Cabanossi schräg in Scheiben schneiden. Tomatenachtel, Zuckerschoten und Cabanossischeiben zum Reis geben, unterrühren und zugedeckt etwa 5 Minuten garen. Ist die Brühe vollkommen verdampft, noch etwas Wasser hinzufügen.

6. Die Cabanossi-Reis-Pfanne mit Salz und Pfeffer abschmecken.

Tipp:

So geht es noch schneller: Statt der frischen, gehäuteten, entkernten und in Spalten geschnittenen Tomaten 2 Esslöffel stückige Tomaten (aus der Dose) nehmen.

Variante:

Für eine **Cabanossi-Pfanne mit Reis und Erbsen** (1–2 Personen) die Zuckerschoten durch die gleiche Menge TK-Erbsen ersetzen. Aufgetaute Erbsen mit den Tomaten und der Wurst zum Reis geben, mitgaren und würzen. (Aufgetaute TK-Erbsen werden in etwa 5 Minuten im Reis gar.)

Kleine Warenkunde:

Cabanossi kommt ursprünglich vom Balkan und ist eine kräftig gewürzte Brühwurst mit Knoblauch, die geräuchert wird.

Zutaten:

Für gefüllte Zucchini:
4 eingelegte Peperoni (aus dem Glas)
2 kleine, feste Zucchini (je etwa 150 g)
Salz
frisch gemahlener Pfeffer
1 kleine Zwiebel
1 Knoblauchzehe
2 ½ EL Olivenöl
2 EL (60 g) stückige Tomaten
(aus der Dose oder Tetra Pak®)
1 EL gehackte Petersilie
125 ml (⅛ l) Gemüsebrühe
einige schwarze Oliven

Pro Portion:
E: 4 g, F: 13 g, Kh: 8 g,
kJ: 679, kcal: 162, BE: 0

Schnell

Dolma
(türkisch gefülltes Gemüse)

Dauert etwa 25 Minuten, für 1–2 Personen.

Zubereitung:

1. Peperoni in einem Sieb abtropfen lassen. Zucchini waschen, abtrocknen, die Enden abschneiden und halbieren. Zucchini mit einem Teelöffel aushöhlen, dabei einen 1 cm breiten Rand stehen lassen. Zucchinifruchtfleisch in feine Würfel hacken. Zucchiniwürfel salzen und pfeffern. Zwiebel und Knoblauchzehe abziehen und fein hacken.

2. 1½ Esslöffel Öl in einer Pfanne erhitzen. Zwiebel und Knoblauch darin andünsten. Zucchiniwürfel und Tomatenstücke zufügen und alles bei mittlerer Hitze 2–3 Minuten unter Rühren dünsten. Petersilie unterrühren, mit Salz und Pfeffer abschmecken. Füllung in die Zucchini geben.

3. In einem breiten, flachen Topf Brühe mit restlichem Öl aufkochen lassen. Topf von der Kochstelle nehmen und die gefüllte Zucchini vorsichtig hineinsetzen. Alles erneut aufkochen lassen und die Zucchini zugedeckt bei schwacher Hitze 5–8 Minuten bissfest garen. Zucchini mit einer Schaumkelle herausnehmen und auf einen Teller setzen. Mit Peperoni und Oliven servieren.

Tipp:

Achten Sie beim Einkauf darauf, dass die Zucchini möglichst fest sind, diese kann man am besten aushöhlen und bissfest garen.

Variante:

Für **Weinblattröllchen mit Kräuterreis** (etwa 14 Stück) etwa 115 g Weinblätter (aus dem Glas) auseinanderfalten, kalt abspülen, abtropfen lassen und trocken tupfen. 1 kleine Zwiebel abziehen und fein hacken. 1 Esslöffel Olivenöl in einem kleinen Topf erhitzen und die gehackte Zwiebel darin andünsten. 40 g Patna-Reis zufügen. Den Reis so lange im heißen Fett dünsten, bis alle Reiskörner glasig überzogen sind. Knapp 125 ml (⅛ l) Wasser mit 1–2 Prisen Salz hinzufügen, aufkochen und zugedeckt bei schwacher Hitze etwa 15 Minuten garen, bis das Wasser verdampft ist. 1½ Esslöffel Tomatenstücke (aus der Dose) zum gegarten Reis geben und erwärmen. Je 1 Esslöffel gehackte Petersilie, Dill und Minze unter die Reis-Tomaten-Masse rühren. Füllung mit Salz, Pfeffer und Piment abschmecken. Den Boden eines Topfes (Ø etwa 20 cm) mit 6–8 eingerissenen oder sehr kleinen Weinblättern auslegen. Von den übrigen Weinblättern (etwa 14 Stück) die Stiele mit einer Schere abschneiden. Weinblätter, mit der Rückseite nach oben, auf die Arbeitsfläche legen. Auf jedes Weinblatt am Stielansatz 1 Teelöffel Füllung geben, länglich formen, beide Blattseiten zur Mitte darüberklappen und bis zur Spitze wie Zigarren aufrollen. Die Röllchen dicht nebeneinander auf den Topfboden legen, mit der Öffnung nach unten. So viel Wasser (etwa 200 ml) hinzugießen, dass die Röllchen knapp bedeckt sind. Zum Beschweren einen umgedrehten Teller darauflegen. Aufkochen lassen und zugedeckt bei schwacher Hitze etwa 40 Minuten garen. Inzwischen 1 Knoblauchzehe abziehen, fein hacken und mit 150 g Joghurt (3,5 % Fett) verrühren. Mit Salz und Pfeffer würzen. Heiße Weinblattröllchen mit dem Knoblauchdip servieren.

Tipp:

Die in Salzlake eingelegten Weinblätter gibt es bei uns eingerollt im Glas oder eingeschweißt in Folie.

Zu allen Gerichten schmeckt frisches Fladenbrot. Wer mag, kann den Reis vor dem Garen in einem Sieb abspülen, um die anhaftende Stärke zu entfernen.

Vegetarisch – schnell

Gebackene Käsewürfel auf Kohlrabiragout

Zubereitung:

1. Von dem Kohlrabi die Blätter entfernen, die zarten Blätter in feine Streifen schneiden und zum Garnieren beiseitelegen. Kohlrabi schälen, abspülen, abtropfen lassen und in etwa 1 cm große Würfel schneiden.

2. Zwiebel abziehen und fein würfeln. Butter in einem Topf zerlassen und die Zwiebel darin glasig dünsten.

3. Kohlrabiwürfel mit Majoran, Salz und Pfeffer hinzufügen und unter Rühren kurz darin andünsten. Brühe zugießen, zum Kochen bringen und mit Deckel etwa 10 Minuten bei schwacher Hitze dünsten. Dabei gelegentlich umrühren.

4. Inzwischen den Käse in etwa 2 cm große Würfel schneiden. Ei und Semmelbrösel in je einen tiefen Teller geben. Das Ei mit einer Gabel verschlagen.

5. Käsewürfel nacheinander zuerst in Ei, dann in Semmelbröseln wenden. Semmelbrösel leicht andrücken.

6. Die Hälfte des Butterschmalzes in einer großen, beschichteten Pfanne erhitzen. Einige Käsewürfel hineinlegen und von allen Seiten bei mittlerer Hitze goldgelb braten. Anschließend auf Küchenpapier abtropfen lassen. Restliche Käsewürfel im verbliebenen Butterschmalz ebenso braten.

7. Kohlrabi mit Petersilie und beiseitegelegten Kohlrabiblättchen vorsichtig vermengen. Die gebackenen Käsewürfel auf dem Kohlrabiragout verteilen und servieren.

Dazu passt:

Römersalat mit Zucchini und gebratenen Mozzarella-Streifen (für 2 Personen). 250 g Zucchini abspülen, abtropfen lassen, die Enden abschneiden. Zucchini in Scheiben schneiden. Zucchinischeiben mit etwa ½ Teelöffel Salz bestreuen und etwa 10 Minuten ziehen lassen. Inzwischen 75 g Staudensellerie putzen, die harten Außenfäden abziehen. Sellerie abspülen, abtropfen lassen und in Scheiben schneiden. 1 rote Paprikaschote halbieren, entstielen, entkernen und die weißen Scheidewände entfernen. Schote abspülen, abtropfen lassen und in Streifen schneiden. Von ½ Kopf Römersalat die äußeren welken Blätter entfernen. Salat waschen, trocken tupfen oder schleudern und in breite Streifen schneiden. Zucchinischeiben trocken tupfen. 1–2 Esslöffel Olivenöl in einer großen Pfanne erhitzen und die Zucchinischeiben darin unter gelegentlichem Wenden braten. Paprikastreifen hinzugeben und kurz mitbraten. Zucchinischeiben, Paprikawürfel und Selleriescheiben in eine Schüssel geben, mit Pfeffer und etwas gemahlenem Kreuzkümmel (Cumin) würzen. Für die Sauce 2 Esslöffel Rotweinessig mit Salz und Pfeffer verrühren. 3–4 Esslöffel Olivenöl unterschlagen. Das vorbereitete Gemüse mit der Sauce vermengen. Für die gebratenen Mozzarella-Streifen 1 Packung (125 g) Mozzarella-Käse abtropfen lassen und in dicke Streifen schneiden. 1 Eiweiß (Größe M) mit 2 Prisen Salz verschlagen. 1 gehäufter Esslöffel Weizenmehl, 25 g helle, geschälte Sesamsamen und 25 g dunkle Sesamsamen jeweils getrennt auf einen Teller geben. Mozzarella-Streifen nacheinander erst in Mehl, dann in Eiweiß und hellem oder dunklem Sesam wenden. Sesam dabei leicht andrücken. 3 Esslöffel Speiseöl in einer großen Pfanne erhitzen. Die panierten Mozzarella-Streifen darin bei mittlerer Hitze von beiden Seiten jeweils etwa 2 Minuten braten. Mozzarella-Streifen aus der Pfanne nehmen und auf Küchenpapier abtropfen lassen. Römersalatstreifen mit den restlichen Salatzutaten vermengen, auf Tellern anrichten und die Mozzarella-Streifen darauf verteilen.

Zutaten:

etwa 400 g Kohlrabi
1 kleine Zwiebel
25 g Butter
1 Msp. getrockneter, gerebelter
Majoran
Salz
frisch gemahlener Pfeffer
50 ml Gemüsebrühe
200 g Gouda- oder Edamer-Käse
(am Stück)
1 Ei (Größe M)
2 EL Semmelbrösel
etwa 80 g Butterschmalz zum
Ausbacken
½ EL frisch gehackte Petersilie
(ersatzweise TK-Petersilie)

Pro Portion:
E: 33 g, F: 51 g, Kh: 17 g,
kJ: 2761, kcal: 660, BE: 1,0

Gefüllte Kartoffelplätzchen

Einfach lecker

Zubereitungszeit: etwa 45 Minuten, ohne Abkühlzeit (ergibt 8 Plätzchen), für 2 Personen.

Zutaten:

Für die Kartoffelplätzchen:
600 g mehligkochende Kartoffeln
Salz
½ Zwiebel
frisch gemahlener Pfeffer
frisch geriebene Muskatnuss

Für die Füllung:
1 Knoblauchzehe
60 g getrocknete Tomaten, in Öl eingelegt
½ Bund glatte Petersilie
30 g geraspelter Emmentaler-Käse
4 EL Olivenöl

Pro Portion:
E: 12 g, F: 27 g, Kh: 44 g,
kJ: 1994, kcal: 476, BE: 3,5

Zubereitung:

1. Für die Kartoffelplätzchen Kartoffeln schälen, abspülen, mit Salz in einem großen Topf mit Wasser bedeckt zum Kochen bringen. Kartoffeln mit Deckel etwa 10 Minuten kochen. Dann abgießen, etwas abkühlen lassen und auf der Haushaltsreibe grob raspeln.

2. Zwiebel abziehen und fein würfeln. Zwiebelwürfel mit den geraspelten Kartoffeln vermengen. Kartoffelmasse mit Salz, Pfeffer und Muskat würzen.

3. Für die Füllung Knoblauchzehe abziehen und durch eine Knoblauchpresse drücken. Tomaten in einem Sieb abtropfen lassen und in kleine Würfel schneiden.

4. Petersilie abspülen, trocken tupfen und die Blättchen von den Stängeln zupfen. Blättchen fein hacken. Petersilie, Knoblauch und Tomatenwürfel mit dem Emmentaler vermengen.

5. Aus dem Kartoffelteig eine Rolle formen und die Rolle in 16 gleich große Stücke teilen. Die einzelnen Stücke etwas flach drücken. 1 Teigplatte mit 2 Teelöffeln von der Füllung belegen, eine zweite Platte darauflegen und diese etwas andrücken. Die gefüllten Teigplatten zu runden Plätzchen formen.

6. Olivenöl in einer großen Pfanne erhitzen. Die Kartoffelplätzchen darin von jeder Seite 5–6 Minuten knusprig braun braten.

Dazu passen:

Erbsen in Parmesansauce (für 2 Personen). Hierfür ½ Zwiebel und 1 Knoblauchzehe abziehen, beides fein würfeln. Zwiebel- und Knoblauchwürfel in ½ Esslöffel zerlassener Butter glasig dünsten. Dann 300 g TK-Erbsen hinzugeben, kurz mitdünsten. 125 g Schlagsahne hinzugießen, aufkochen lassen, mit Salz und Pfeffer würzen. Erbsen zugedeckt bei schwacher Hitze etwa 10 Minuten garen, dabei ab und zu umrühren. Zum Schluss 50 g geriebenen Parmesan-Käse unterrühren.

Tipp:

Statt der Tomaten- eine Kräuterfüllung hineingeben. Hierfür je 1 Bund Petersilie und Schnittlauch abspülen, trocken tupfen. Die Blättchen von den Petersilienstängeln zupfen und Blättchen fein hacken. Schnittlauch in feine Röllchen schneiden. Kräuter mit Knoblauch und Käse vermengen, die Kartoffelplätzchen wie im Rezept beschrieben füllen und braten.

Vegetarisch

Asiatisches Gratin mit Tofu und Pilzen Raffiniert

Zubereitungszeit: 35 Minuten, ohne Marinierzeit
Backzeit: 10–12 Minuten, für 1–2 Personen.

Zubereitung:

1. Tofu in etwa 2 cm dicke Scheiben schneiden und in eine flache Schale legen. Knoblauchzehe abziehen, Ingwer schälen. Beides fein würfeln, mit 1½ Esslöffeln Sojasauce mischen und über den Tofu träufeln. Tofu etwa 30 Minuten durchziehen lassen, dabei ab und zu wenden.

2. Backofen vorheizen. Frühlingszwiebeln putzen, waschen, abtropfen lassen und schräg in breite Scheiben schneiden. Pilze putzen, Stängel flach schneiden, Pilze mit Küchenpapier abreiben, evtl. abspülen und trocken tupfen. Große Pilze halbieren oder vierteln. Möhren putzen, schälen, waschen, abtrocknen und in feine Stifte schneiden.

3. Öl in einer großen Pfanne erhitzen, Tofuscheiben darin von jeder Seite 3–4 Minuten hellbraun braten, dann herausnehmen und beiseitestellen. Möhren in dem Bratfett etwa 2 Minuten dünsten, Pilze und Frühlingszwiebelscheiben hinzugeben und unter Wenden etwa 3 Minuten weiterbraten. Die Mischung mit etwas Sojasauce würzen und Asia-Sauce untermischen. Gemüse in eine gefettete Auflaufform füllen und Tofu darauf anrichten.

4. Nusskerne grob hacken. Chili entstielen, längs halbieren und entkernen. Chilischote abspülen, trocken tupfen und fein hacken. Nusskerne mit Chili, Honig und Öl mischen und auf dem Tofu verteilen. Die Form auf dem Rost in den vorgeheizten Backofen schieben.

Ober-/Unterhitze: etwa 200 °C
Heißluft: etwa 180 °C
Garzeit: 10–12 Minuten.

Dazu passt:
Basmati-Reis.

Kleine Warenkunde:
Shiitake-Pilze sind aromatische, japanische Zuchtpilze (auch Tonkgu). Sie werden auch bei uns immer beliebter. Sie können sowohl frisch, als auch getrocknet verwendet werden. Getrocknet ist ihr leicht rauchiger Geschmack sogar noch intensiver. Gute Qualität erkennt man an festen, hellbraunen Kappen, die trocken und nicht eingerissen sind. Salz und Gewürze erst nach dem Garen des Pilzes zugeben, so kann sich das leckere Aroma des Pilzes besser entfalten. Der fast geschmacksneutrale, quarkähnliche Tofu wird aus Sojabohnenmilch hergestellt. Es gibt ihn in weicher oder festerer Qualität, natur, geräuchert oder bereits mit Kräutern und Gewürzen mariniert zu kaufen. Für dieses Gratin verwenden Sie am besten festen Tofu – sein feines Aroma erhält er durch die raffinierte Marinade.

Variante:

Für **Asiatisches Geflügel-Champignon-Gratin** (1–2 Personen) 250–300 g Hähnchenbrust- oder Putenbrustfilet verwenden. Das Fleisch, wie im Rezept beschrieben, ebenfalls in Scheiben schneiden, marinieren und anbraten. Anstelle von Shiitake-Pilzen 100 g Champignons verwenden. Pilze mit dem Gemüse anbraten, alles in die Form schichten und backen.

Zutaten:

250 g fester Tofu
1 Knoblauchzehe
1 Stück frischer Ingwer (2–3 cm)
etwa 2 EL Sojasauce
1 Bund Frühlingszwiebeln
100 g Shiitake-Pilze
200 g Möhren
1 EL Soja- oder Erdnussöl
5–6 EL (etwa 60 ml) Asia-Sauce
süß-sauer
50 g geröstete, gesalzene
Erdnusskerne
1 kleine, rote Chilischote
1 EL flüssiger Honig
½ EL Speiseöl, z.B. Sonnenblumenöl

Pro Portion:
E: 30 g, F: 33 g, Kh: 40 g,
kJ: 2523, kcal: 604, BE: 2,0

Vegetarisch
Gemüseschnitzel

Zubereitungszeit: etwa 30 Minuten, für 1 Person.

Zubereitung:

1. Gemüse putzen, schälen, abspülen und abtropfen lassen. Das Gemüse in etwa ½ cm dicke Scheiben schneiden. Gemüsescheiben in kochendem Salzwasser 3–5 Minuten garen. Gemüse gut abtropfen lassen, dann mit Salz und Pfeffer würzen.

2. Mehl, Semmelbrösel und Ei in je einen tiefen Teller geben. Ei mit einer Gabel verschlagen. Die Gemüse-scheiben nacheinander in Mehl, Ei und Semmelbröseln wenden. Die Semmelbrösel leicht andrücken.

3. Das Öl in einer großen beschichteten Pfanne erhitzen. Die Gemüsescheiben darin von jeder Seite in etwa 2 Minuten goldgelb braten. Kurz vor Ende der Bratzeit die Butter mit in die Pfanne geben und darin zerlassen.

Tipp:

Die Gemüseschnitzel als vegetarisches Hauptgericht, z. B. mit einem **Kräuterquark** (für 1 Person) servieren. Für den Kräuterquark 1 kleine Zwiebel abziehen und fein würfeln. 100 g Magerquark mit 1 Esslöffel Milch, 2 Ess-löffeln Crème fraîche und den gewürfelten Zwiebeln ver-rühren. Quark mit Salz und Pfeffer würzen. 2 Esslöffel gemischte, frisch gehackte Kräuter, z. B. Schnittlauch, glatte Petersilie, Kerbel, Dill unterrühren (ersatzweise TK-Kräuter) und zu den Gemüseschnitzeln servieren.

Noch ein Tipp:

Knollensellerie, Zucchini und Steckrübe müssen nicht unbedingt in kochendem Salzwasser vorgegart werden. Hier reicht es, wenn die panierten Gemüsescheiben gleich in der Pfanne gebraten werden. Wichtig: Dann die Gemüsescheiben 3–4 Minuten pro Seite braten.

Variante:

Sie können Gemüseschnitzel auch mit unterschiedlichen Panaden zubereiten. Dafür nur 3 Esslöffel Semmelbrösel mit 1 Esslöffel frisch geriebenem Parmesan-Käse oder 10 g fein gehackten Sonnenblumenkernen mischen. Ersetzen Sie die Semmelbrösel durch 50 g zerkleinerte Cornflakes, dann erhalten Sie eine knusprige Panade.

Zutaten:

200 g Gemüse, z. B. Knollensellerie, Zucchini, Steckrübe, Süßkartoffel, Rote Bete
500 ml (½ l) Salzwasser
Salz
frisch gemahlener Pfeffer
2 EL Weizenmehl
4 EL Semmelbrösel
1 Ei (Größe S)
1½ EL Speiseöl, z. B. Rapsöl
15 g Butter

Pro Portion:
E: 12 g, F: 21 g, Kh: 51 g,
kJ: 1851, kcal: 442, BE: 4,0

Dazu passt:

Champignon-Reis-Salat (für 2 Personen).
Hierfür 50 g Naturreis mit 150 ml Gemüsebrühe in einem geschlossenen Topf zum Kochen bringen und bei schwacher Hitze nach Packungsanleitung etwa 30 Minuten garen. Anschließend Reis in ein Sieb ge-ben, abtropfen und abkühlen lassen. 1 Frühlingszwiebel putzen, abspülen, abtropfen lassen und in feine Scheiben schneiden. 50 g Joghurt mit 25 g Joghurt-Salatcreme verrühren, mit Salz, Pfeffer, 1 Messerspitze Zucker und etwas Cayennepfeffer abschmecken. Mit den Frühlings-zwiebelscheiben unter den Reis heben. Die Masse mit Frischhaltefolie zugedeckt etwa 30 Minuten in den Kühl-schrank stellen. 50 g Champignons putzen, mit Küchen-papier abreiben und halbieren oder in Scheiben schnei-den. 1 Esslöffel Speiseöl in einer kleinen Pfanne erhitzen und die Champignonhälften oder -scheiben unter Rühren darin etwa 2 Minuten braten. Mit Salz und Pfeffer wür-zen, dann abkühlen lassen. Etwa 100 g Möhren putzen, schälen, abspülen und abtropfen lassen. Möhren in feine Stifte schneiden. ½ gelbe Paprikaschote entstielen, ent-kernen und die weißen Scheidewände entfernen. Schote abspülen, abtrocknen und fein würfeln. Pilze, Möhren und Paprika mit der kalt gestellten Reismasse vermen-gen und nach Belieben mit 1 Esslöffel Schnittlauchröll-chen bestreut servieren.

Grün-Weißer-Kohl-Auflauf

Zubereitungszeit: 40 Minuten, Backzeit: etwa 35 Minuten, für 1–2 Personen.

Zubereitung:

1. Backofen vorheizen. Vom Blumenkohl und Brokkoli die Blätter entfernen und den Strunk abschneiden. Blumenkohl und Brokkoli in Röschen teilen, abspülen und abtropfen lassen.

2. Wasser mit Salz in einem großen Topf zum Kochen bringen. Blumenkohl und Brokkoli hineingeben, zugedeckt etwa 5 Minuten kochen lassen, herausnehmen und in einem Sieb abtropfen lassen.

3. Zucchini abspülen, abtrocknen und die Enden abschneiden. Zucchini in Scheiben schneiden. Zucchinischeiben mit den Blumenkohl- und Brokkoli-röschen in eine gefettete Auflaufform geben.

4. Für die Sauce Butter in einer Pfanne zerlassen, Schinkenwürfel darin andünsten. Mehl hinzufügen und unter Rühren so lange darin erhitzen, bis es hellgelb ist. Nach und nach Brühe und Sahne hinzugießen und mit einem Schneebesen durchschlagen, dabei darauf achten, dass keine Klümpchen entstehen. Die Sauce zum Kochen bringen und bei schwacher Hitze etwa 5 Minuten ohne Deckel kochen, dabei gelegentlich umrühren. 1 Esslöffel Parmesan-Käse (etwa 20 g) unterrühren. Mit Salz, Pfeffer und Muskat würzen.

5. Das Gemüse mit der Sauce übergießen, mit restlichem Parmesan-Käse und Sonnenblumenkernen bestreuen. Die Form auf dem Rost in den vorgeheizten Backofen schieben.

Ober-/Unterhitze: etwa 180 °C
Heißluft: etwa 160 °C
Backzeit: etwa 35 Minuten.

Zutaten:

1 kleiner Blumenkohl (etwa 500 g)
500 g Brokkoli
Wasser
1 gestr. TL Salz
1 kleine Zucchini (etwa 200 g)

Für die Sauce:
25 g Butter
100 g gewürfelter Schinken (Fertigprodukt)
20 g Weizenmehl
250 ml (¼ l) Gemüsebrühe
125 g Schlagsahne
80 g geriebener Parmesan-Käse
Salz
frisch gemahlener Pfeffer
geriebene Muskatnuss
1 EL Sonnenblumenkerne

Pro Portion:
E: 48 g, F: 70 g, Kh: 27 g
kJ: 3939, kcal: 940, BE: 1,0

Tipp:
Der Auflauf lässt sich einfach für 4 Personen verdoppeln.

Variante:
Statt der Zucchini 1 Packung Nordseekrabben (75 g, gekocht und geschält) mit gekochten Blumenkohl- und Brokkoliröschen einschichten. Weiter wie ab Punkt 4 im Rezept beschrieben zubereiten.

Linsen-Fisch-Auflauf

Zubereitungszeit: 55 Minuten,
Backzeit: etwa 30 Minuten, für 1–2 Personen.

Zutaten:

1 Stange Porree (Lauch, etwa 200 g)
1½ EL Speiseöl
½ Dose Linsen mit Suppengrün (400 g)
2 Scheiben Weizentoastbrot (je 25 g)
50 g Schinkenwürfel
15 g Butter
½ Pck. Dr. Oetker Finesse Geriebene Zitronenschale
1 EL gehackte, gemischte Kräuter, z. B. Petersilie, Thymian und Schnittlauch
300 g Seelachs- oder Rotbarschfilet
1 EL Zitronensaft
Salz
frisch gemahlener Pfeffer
½ Becher (75 g) Crème fraîche

Pro Portion:
E: 62 g, F: 38 g, Kh: 53 g
kJ: 3400, kcal: 815, BE: 4,0

Zubereitung:

1. Backofen vorheizen. Porree putzen, die Stange längs halbieren, gründlich waschen und abtropfen lassen. Porree in Streifen schneiden. Öl in einer Pfanne erhitzen. Porreestreifen darin unter Wenden andünsten. Linsen mit der Flüssigkeit hinzufügen, verrühren und alles einmal aufkochen.

2. Toastbrot entrinden und zerbröseln. Schinkenwürfel in einer Pfanne ohne Fett knusprig ausbraten. Butter hinzufügen und zerlassen. Die Brotbrösel darin goldbraun rösten, Zitronenschale und Kräuter dazugeben.

3. Fischfilet unter fließendem kalten Wasser abspülen, trocken tupfen und in 2 Portionsstücke schneiden. Mit Zitronensaft beträufeln, mit Salz und Pfeffer würzen.

4. Crème fraîche unter die Linsen-Porree-Mischung rühren, mit Salz würzen und in eine flache, gefettete Auflaufform geben. Fisch-Filetstücke darauflegen und mit der Schinken-Brot-Masse bestreuen. Die Form auf dem Rost in den vorgeheizten Backofen schieben.

Ober-/Unterhitze: etwa 200 °C
Heißluft: etwa 180 °C
Backzeit: etwa 30 Minuten.

Variante:

Für **Linsen-Fisch-Auflauf mit Tomate** (1–2 Personen)
statt der Porreestange 1 abgezogene, entkernte, in
Würfel geschnittene Fleischtomate und 2 Frühlingszwiebeln
(gewaschen, in Ringe geschnitten) unter die Linsen heben.
Die Frühlingszwiebeln brauchen nicht vorher angedünstet
zu werden.

Das Gelbe vom Ei

Dauert 10 Minuten, für 1–2 Personen.

Schnell und lecker

Zutaten:

1 EL Speiseöl oder Butterschmalz
2 Eier (Größe M)
Salz

Pro Portion:
E: 9 g, F: 18 g, Kh: 1 g
kJ: 842, kcal: 201, BE: 0

Zubereitung:

1. Öl oder Butterschmalz in einer Pfanne erhitzen bzw. zerlassen. Die Eier vorsichtig aufschlagen und nebeneinander in das Fett gleiten lassen.

2. Eiweiß mit Salz bestreuen und die Eier 3–5 Minuten bei mittlerer Hitze braten, bis das Eiweiß fest ist. Die Spiegeleier aus der Pfanne nehmen und sofort servieren.

Dazu passen:

Kartoffelpüree oder Bratkartoffeln mit Spinat.

Variante:

Für **Strammer Max** 2 Scheiben (je 30 g) Leberkäse oder mageren Schinken in 1 Esslöffel Öl in einer Pfanne anbraten. 2 Scheiben Mischbrot damit belegen. 2 Eier in dem Bratfett braten (siehe Rezept oben). Spiegelei auf den Leberkäse oder Schinken geben, mit Salz und Pfeffer würzen. 1 Teelöffel fein gehackte Kräuter (Schnittlauch, Petersilie) darüberstreuen.

Simpel – schnell
Bauarbeiter-brötchen
Dauert 20 Minuten, für 1–2 Personen

Zutaten:

1 Möhre
3–4 Radieschen
2–3 Blätter Eisbergsalat
½ Bund Rucola
4 Scheiben Bacon (Schinkenspeck)
2 EL Olivenöl
2 Eier
Salz
2 Brötchen
40 g Butter
frisch gemahlener Pfeffer

Pro Portion:
E: 17g, F: 36 g, Kh: 26 g
kJ: 2077, kcal: 496, BE: 2,0

Zubereitung:

1. Möhre putzen, schälen, abspülen und raspeln. Radieschen waschen, putzen und in Scheiben schneiden. Eisbergsalat putzen und in dünne Streifen schneiden. Genau wie den Rucola waschen und gut abtropfen lassen.

2. Pfanne ohne Fett erhitzen, Bacon knusprig braten. Das Fett vom Speck verhindert das Anbrennen. Dann rausnehmen. Öl in der Pfanne erhitzen. Eier vorsichtig aufschlagen und nebeneinander in die Pfanne gleiten lassen. Eiweiß mit Salz bestreuen und jetzt etwa 4 Minuten bei mittlerer Hitze braten, bis die Ränder leicht braun sind. Spiegeleier wenden und nochmal 2 Minuten braten.

3. Brötchen durchschneiden. Butter drauf und auf die unteren Hälften Eisbergsalatstreifen legen. Dann die gebratenen Eier und den Bacon. Zusätzlich mit Möhrenraspeln, Radieschenscheiben und Rucola belegen. Zwei, drei Umdrehungen aus der Pfeffermühle darübergeben, Brötchen zuklappen und etwas zusammendrücken.

Eier mit Senfsauce

Dauert 20 Minuten, für 1–2 Personen.

Zubereitung:

1. Eier hart kochen. Dafür die Eier am dicken runden Ende mit einer Nadel oder einem Eierpick anstechen, damit sie beim Kochen nicht platzen. Eier in kochendes Wasser gleiten lassen (die Eier sollten mit Wasser bedeckt sein), das Wasser zum Kochen bringen und Eier im offenen Topf bei schwacher Hitze 10 Minuten kochen. Die fertigen Eier mit dem Löffel oder der Schaumkelle herausnehmen und in kaltem Wasser abschrecken, damit sie sich besser pellen lassen.

2. In der Zwischenzeit Butter oder Margarine in einem Topf zerlassen. Mehl unter Rühren mit einem Schneebesen so lange darin erhitzen, bis es hellgelb ist.

3. Brühe nach und nach hinzugießen, mit dem Schneebesen durchschlagen und darauf achten, dass keine Klümpchen entstehen. Die Sauce zum Kochen bringen und bei schwacher Hitze ohne Deckel etwa 10 Minuten kochen lassen, gelegentlich umrühren.

4. Beide Senfsorten unterrühren, mit Salz und Pfeffer abschmecken, Crème fraîche zum Schluss unterrühren.

5. Eier pellen, nach Belieben halbieren und kurz vor dem Servieren in die Sauce geben.

Dazu passen:

Salzkartoffeln oder Kartoffelpüree.

Zutaten:

2–4 Eier (Größe M)
15 g Butter oder Margarine
10 g Weizenmehl
200 ml Gemüse- oder Fleischbrühe
½ EL mittelscharfer Senf
½ EL körniger Senf
Salz
frisch gemahlener Pfeffer
1 EL Crème fraîche

Pro Portion:
E: 17 g, F: 27 g, Kh: 7 g
kJ: 1407, kcal: 336, BE: 0,5

Tipp:

Für die Senfsauce kann man statt Gemüsebrühe auch halb Milch, halb Schlagsahne verwenden.
Werden größere Eier oder gekühlte Eier direkt aus dem Kühlschrank verwendet, verlängert sich die Garzeit um jeweils etwa 1 Minute.
Wer mag, schmeckt die Senfsauce zum Schluss mit 2–3 Spritzern frisch gepresstem Zitronensaft und 1 Prise Zucker ab. Die Senfsauce schmeckt auch gut zu gebratenem Fisch oder Fleisch.

Variante:

Nach Belieben zusätzlich gekochte Spargelstücke, gedünstete Champignons oder gehackte Kräuter in die Sauce geben.

Rührei

Dauert: 10 Minuten, für 2 Personen.

Richtig schnell

Zutaten:

4 Eier (Größe M)
4 EL Milch
Salz
frisch gemahlener Pfeffer
etwas geriebene Muskatnuss
30 g Butter oder Margarine

Pro Portion:
E: 11 g, F: 18 g, Kh: 1 g
kJ: 901, kcal: 215, BE: 0,0

Zubereitung:

1. Eier mit Milch, Salz, Pfeffer und Muskatnuss in eine Schüssel geben und mit einem Schneebesen kurz verschlagen. Butter oder Margarine in einer großen Pfanne zerlassen. Eiermilch hineingeben und die Kochstelle auf schwache Hitze schalten.

2. Sobald die Masse zu stocken beginnt, sie strichweise mit einem Pfannenwender oder Holzspatel vom Pfannenboden lösen und vom Pfannenrand zur Mitte schieben, bis keine Flüssigkeit mehr vorhanden ist (Garzeit insgesamt 3–4 Minuten). Das Rührei sollte weich, großflockig und nicht trocken sein. Das Rührei sofort servieren.

Dazu passen:

Bratkartoffeln und Spinat oder
Kartoffelpüree mit Erbsen und Möhren.

Variante 1:

Für **Rührei mit Schinken** 2–3 Scheiben gekochten Schinken klein schneiden und mit der Eiermilch verrühren.

Variante 2:

Für **Mexikanisches Rührei** 1 rote Peperoni längs halbieren, Kerne und weiße Scheidewände entfernen. Peperoni waschen, trocken tupfen und in Streifen schneiden, mit der Eiermilch verrühren.

Variante 3:

Für **Indisches Rührei** ½ Teelöffel Currypulver mit der Eiermilch verrühren.

Variante 4:

Für **Rührei mit Kräutern und Knoblauch** 1–1½ Esslöffel fein gehackte Kräuter (Schnittlauch, Petersilie) mit 1 abgezogenen, fein gehackten Knoblauchzehe unter die Eiermilch rühren.

Noch eine Luxus-Variante:

Für **Rührei mit Krabben und Lachs** 1 Packung (75 g) Nordsee-Krabben (gekocht und geschält) mit 2–3 Lachsscheiben (in Streifen geschnitten) unter die Eiermilch rühren.

Süße Eierpfannkuchen

Wie bei Muttern

Dauert 35 Minuten (ohne Quellzeit),
für 1–2 Personen (ergibt 4 große Pfannkuchen).

Zubereitung:

1. Mehl in eine Schüssel sieben, in die Mitte eine Vertiefung eindrücken. In einer anderen Schüssel Eier, Milch, Mineralwasser, Salz und Zucker mit einem Schneebesen verschlagen. Die Eiermasse zum Mehl geben und mit dem Schneebesen von außen nach innen verrühren. Dabei darauf achten, dass keine Klümpchen entstehen. Den glattgerührten Teig 20–30 Minuten ruhen lassen.

2. Etwas Fett in einer beschichteten Pfanne (Ø 24–28 cm) erhitzen und eine Kelle Teig (etwa 125 g) in die Pfanne geben. Die Pfanne leicht schwenken, damit sich der Teig gleichmäßig auf dem Boden der Pfanne verteilen kann. Sobald die Ränder goldgelb sind und der gebackene Teig sich in der Pfanne leicht hin- und herschieben lässt, den Pfannkuchen vorsichtig mit einem Pfannenwender oder einem Holzspatel wenden und auf der anderen Seite goldgelb backen.

3. Den restlichen Teig auf die gleiche Weise backen, dabei vor jedem Backen den Teig umrühren und etwas Fett in die Pfanne geben.

Dazu passt:

Pfannkuchen mit Zuckerrüben-sirup, Ahornsirup, Erdbeer-konfitüre oder Apfelkraut bestreichen.

Tipp:

Bereits fertig gebackene Pfannkuchen im Backofen bei 80 °C (Ober-/Unterhitze) oder 60 °C (Heißluft) warm halten. Die einzelnen Pfannkuchen vor dem Stapeln mit wenig Zucker bestreuen. So kleben sie nicht zusammen. Die Pfannkuchen werden zarter und lockerer, wenn man die Eier trennen und zuerst nur das Eigelb in den Teig rühren. Das Eiweiß kurz vor dem Backen mit Handrührgerät mit Rührbesen steifschlagen und unter den Teig heben.

Zutaten:

125 g Weizenmehl
2 Eier (Größe M)
175 ml Milch
75 ml (6–7 EL) Mineralwasser
1 Prise Salz
½–1 EL Zucker
etwa 40 g Butter, Speiseöl oder Butterschmalz

Pro Portion:
E: 21 g, F: 35 g, Kh: 72 g
kJ: 2927, kcal: 700, BE: 6,0

Putenstreifen „Scheherazade"
Einfach, schnell und lecker

Dauert etwa 25 Minuten, für 1–2 Personen.

Zubereitung:

1. Putenschnitzel unter fließendem kalten Wasser abspülen, trocken tupfen und in fingerdicke Streifen schneiden. Zitronen heiß abwaschen und abtrocknen. Von einer halben Zitrone die Schale fein abreiben. Die restliche Schale mit einem scharfen Messer so abschneiden, dass die weiße Haut mitentfernt wird. Die Zitronenfilets herausschneiden. Abgeriebene Zitronenschale und -filets beiseitestellen.

Zutaten:

2 Putenschnitzel (je etwa 150 g)
2 Bio-Zitronen (unbehandelt, ungewachst)
2 mittelgroße, rote Zwiebeln
8 Stängel Zitronenthymian
2 EL abgezogene, ganze Mandeln
4 EL Olivenöl
Salz
frisch gemahlener Pfeffer

Pro Portion:
E: 40 g, F: 30 g, Kh: 8 g,
kJ: 1962, kcal: 469, BE: 0,5

2. Zwiebeln abziehen, halbieren und die Hälften in Spalten schneiden. Thymianstängel abspülen, trocken tupfen und einige Stängel zum Garnieren beiseitelegen. Von den restlichen Stängeln die Blättchen abzupfen.

3. Mandeln im Wok oder in einer beschichteten Pfanne ohne Öl unter gelegentlichem Rühren leicht bräunen, herausnehmen und auf einem Teller erkalten lassen.

4. Die zweite Zitrone mit Schale vierteln und die Viertel in Stücke schneiden. Öl im Wok oder der Pfanne erhitzen und die Zitronenstücke bei mittlerer Hitze anbraten, bis sie gut gebräunt sind. Die Zitronenstücke mit dem Öl in ein Sieb geben, dabei das Öl auffangen.

5. Das Zitronenöl wieder in den Wok oder in die Pfanne geben, erhitzen und die Fleischstreifen darin unter Rühren bei mittlerer Hitze anbraten. Mit Salz und Pfeffer würzen. Die Zwiebelspalten zufügen und unter Rühren kurz mitdünsten. Gebräunte Mandeln mit 1 Messerspitze abgeriebener Zitronenschale und abgezupften Thymianblättchen hinzugeben und umrühren.

6. Die Zutaten mit Salz, Pfeffer und etwas Zitronenschale abschmecken, auf Tellern anrichten und mit beiseitegestellten Zitronenfilets und Thymianzweigen garnieren.

Tipp:

Wenn Sie keine abgezogenen, ganzen Mandeln erhalten, die Mandeln kurz in kochendes Wasser legen, abgießen und die Schale von den Mandeln lösen – das geht ganz einfach. Wer dazu keine Lust hat, nimmt stattdessen 2 Esslöffel Mandelsplitter; diese sind bereits geschält.

Beilage:

Ofenwarmes Fladenbrot, Reis mit grünem Blattsalat.

Variante:

Für **Orientalische Schnitzelstreifen** (1–2 Personen) statt Pute 2 Schweineschnitzel (je etwa 150 g) verwenden. Außerdem die roten Zwiebeln durch 3–4 Schalotten ersetzen. Wie im Rezept beschrieben alles zubereiten und garen.

Steaks mit grüner Pfeffersauce

Dauert 15 Minuten, für 2 Personen.

Zutaten:

2 Rinderfiletsteaks (möglichst aus der
Filetmitte; je 150 g)
Salz
frisch gemahlener Pfeffer
1 EL eingelegter, grüner Pfeffer (in Lake)
3 EL Speiseöl
2 EL Weinbrand
1 Becher (150 g) Crème fraîche

Pro Portion:
E: 45 g, F: 58 g, Kh: 4 g
kJ: 3145, kcal: 755, BE: 0,5

Zubereitung:

1. Rinderfiletsteaks unter fließendem kalten Wasser abspülen und
trocken tupfen. Filetscheiben leicht flach drücken, mit Salz und Pfeffer
würzen.

2. Grünen Pfeffer in einem kleinen Sieb unter fließendem kalten Wasser
abspülen und abtropfen lassen.

3. Öl in einer Pfanne erhitzen. Die Steaks hineinlegen und von jeder Seite
etwa 3 Minuten braten. Die Steaks aus der Pfanne nehmen, auf einen
vorgewärmten, tiefen Teller legen, mit einem zweiten vorgewärmten Teller
abdecken und warm stellen.

4. Den Bratensatz in der Pfanne mit Weinbrand ablöschen, dafür Weinbrand zugießen, aufkochen lassen und unter Rühren mit dem Schneebesen den Bratensatz lösen. Crème fraîche unterrühren. Die Sauce mit Salz
und Pfeffer abschmecken. Grünen Pfeffer hinzufügen. Pfeffersauce erneut
erwärmen und auf den Steaks verteilen.

Dazu passen:

Gemischter Salat, geröstete Baguettescheiben oder Kartoffelgratin.
Für **Kartoffelgratin** (1–2 Personen) den Backofen vorheizen. 1 Knoblauchzehe abziehen, durchschneiden und eine kleine, flache, gefettete Auflaufform
mit dem Knoblauch einreiben. 400 g festkochende Kartoffeln waschen, schälen, abspülen, trocken tupfen und in dünne Scheiben schneiden.
Die Kartoffelscheiben dachziegelartig schräg in die vorbereitete Form einschichten und mit Salz, Pfeffer und Muskatnuss bestreuen. Je 75 ml
(je 6–7 Esslöffel) Milch und Schlagsahne verrühren und über die Kartoffelscheiben gießen. 1 Esslöffel geriebenen Parmesan-Käse darüberstreuen.
Die Form auf dem Rost in den vorgeheizten Backofen schieben und das Gratin
goldbraun backen. Ober-/Unterhitze: etwa 180 °C, Heißluft: etwa 160 °C,
Backzeit: etwa 45 Minuten.

Tipp:

Das Kartoffelgratin zu Fleisch-,
Fisch- oder Gemüsegerichten
ohne Sauce servieren. Wer
keinen Weinbrand mag, nimmt
zum Ablöschen Wasser oder
Brühe.

Hähnchenbrust mit

Dauert 30 Minuten, für 1–2 Personen.

Zutaten:

2 Hähnchenbrustfilets ohne Haut
(je etwa 150 g)
Salz
frisch gemahlener Pfeffer
1 Tomate
½ Packung (etwa 60 g) Mozzarella-Käse
1½ EL Speiseöl, z. B. Sonnenblumenöl
einige Basilikumblättchen

Pro Portion:
E: 55 g, F: 12 g, Kh: 2 g
kJ: 1422, kcal: 340, BE: 0

Zubereitung:

1. Den Backofengrill vorheizen. Hähnchenbrustfilets unter fließendem kalten Wasser abspülen, trocken tupfen, mit Salz und Pfeffer würzen.

2. Tomate abspülen, abtrocknen, die Stängelansätze herausschneiden. Tomate in 4 Scheiben schneiden. Abgetropften Mozzarella ebenso in 4 Scheiben schneiden.

3. Öl in einer backofenfesten Pfanne erhitzen. Die Hähnchenbrustfilets darin etwa 10 Minuten von beiden Seiten braten.

4. Jedes Filet zuerst mit je 2 Tomatenscheiben belegen und mit Pfeffer bestreuen, dann mit je 2 Mozzarellascheiben belegen und ebenfalls mit Pfeffer bestreuen.

5. Die Pfanne auf dem Rost unter den heißen Grill in den Backofen schieben und die Filets 5–10 Minuten übergrillen, bis der Käse zerläuft (wer keine hitzebeständige Pfanne hat, kann die Filets auch nach dem Anbraten in eine gefettete Auflaufform umfüllen).

6. Die übergrillten Filets vor dem Servieren mit Basilikumblättchen garnieren.

Schnell
Mozzarella

Dazu passen:

Kartoffelecken mit Cocktailtomaten, Ciabatta oder Knoblauchtoast und Eisbergsalat.

Für die **Kartoffelecken mit Cocktailtomaten**

700 g schöne, große, festkochende Kartoffeln gründlich waschen, abtrocknen, längs halbieren und vierteln. 1 Stängel Rosmarin oder Thymian abspülen, Nadeln oder Blättchen von den Stängeln zupfen und zusammen mit den Kartoffeln, 1 Teelöffel grobem Meersalz, frisch gemahlenem Pfeffer und 2 Esslöffeln Olivenöl in einer Schüssel vermengen. Die Kartoffel-Mischung auf einem mit Backpapier belegten Backblech verteilen. Das Blech in den vorgeheizten Backofen schieben (Ober-/Unterhitze: etwa 200 °C, Heißluft: etwa 180 °C) und 15–20 Minuten backen. Dann 100 g abgespülte, abgetropfte Cocktailtomaten mit 1 Teelöffel Olivenöl beträufeln, zu den Kartoffeln

geben und weitere 15–20 Minuten backen, bis die Ecken goldbraun und knusprig sind.

Tipp:

Wenn Sie keinen Backofengrill haben, den Backofen vorheizen. Die Pfanne (Auflaufform) bei etwa 220 °C (Ober-/Unterhitze) oder etwa 200 °C (Heißluft) auf dem Rost in den vorgeheizten Backofen schieben und die Hähnchenbrustfilets 5–10 Minuten überbacken, bis der Käse zerläuft.

Geschnetzeltes Rindfleisch „Asiatische Art"

Dauert etwa 45 Minuten, ohne Durchziehzeit, für 1–2 Personen.

Simpel

Zubereitung:

1. Rumpsteaks unter fließendem kalten Wasser abspülen, trocken tupfen und in feine Streifen schneiden. Für die Marinade Ingwer schälen und sehr fein hacken. Mit Sojasauce und Sambal Oelek verrühren. Fleischstreifen in eine flache Schale legen, Marinade darübergießen, mit dem Fleisch vermengen und alles 20–30 Minuten durchziehen lassen.

2. In der Zwischenzeit Paprikaschote halbieren, entstielen, entkernen und die weißen Scheidewände entfernen. Schote waschen, trocken tupfen und in kleine Würfel schneiden. Von den Zuckerschoten die Enden abschneiden, die Schoten evtl. abfädeln, waschen und abtropfen lassen. Zuckerschoten schräg halbieren. Sojabohnenkeimlinge in ein Sieb geben, unter fließendem kalten Wasser abspülen und gut abtropfen lassen. Sprossen evtl. auf ein Küchentuch geben. Knoblauchzehe abziehen und durch eine Knoblauchpresse drücken oder fein hacken.

3. Öl in einem Wok oder in einer beschichteten Pfanne erhitzen. Die Fleischstreifen mit der Marinade bei großer bis mittlerer Hitze kräftig anbraten, dabei umrühren. Paprikawürfel, halbierte Zuckerschoten und Knoblauch hinzugeben und weitere 5–8 Minuten bei mittlerer Hitze garen. Gelegentlich umrühren. Kurz vor Ende der Garzeit die Sojabohnenkeimlinge hinzugeben, unterrühren und miterwärmen.

4. Rindfleisch mit Pfeffer, Salz und Zucker würzen.

Dazu passen:

Reis oder chinesische Eiernudeln.

Variante:

Für **Schweinefleisch süß-sauer** (1–2 Personen) 400 g mageres Schweinefleisch (oder 2 Schweineschnitzel je etwa 200 g) unter fließendem kalten Wasser abspülen, trocken tupfen und würfeln. Für die Marinade 2 Teelöffel Speisestärke mit 2 Esslöffeln heller Sojasauce und 1 Esslöffel Zitronensaft verrühren. Fleisch 20–30 Minuten in der Marinade ziehen lassen. Inzwischen 2 Möhren putzen, schälen, abspülen und abtropfen lassen. Möhren längs halbieren und in Scheiben schneiden. Von 2 kleinen Stangen Staudensellerie Wurzelenden und welke Blätter entfernen, die harten Außenfäden abziehen. Die Selleriestangen waschen, abtropfen lassen und in dünne Scheiben schneiden. 2–3 Frühlingszwiebeln putzen, waschen, abtropfen lassen und in feine Scheiben schneiden. 1 Bio-Orange (unbehandelt, ungewachst) waschen, abtrocknen, die Schale fein abreiben und beiseitestellen. Restliche Schale mit einem scharfen Messer so entfernen, dass die weiße Haut mitentfernt wird. Orangenfilets herausschneiden. 3–4 Stängel Koriander abspülen, trocken tupfen und die Blättchen von den Stängeln zupfen. Blättchen fein hacken. 2 Esslöffel Speiseöl in einem Wok oder in einer beschichteten Pfanne erhitzen und die Fleischwürfel mit der Marinade bei mittlerer bis großer Hitze unter ständigem Rühren kräftig anbraten. Vorbereitetes Gemüse hinzugeben und 5–8 Minuten mitgaren. Gelegentlich umrühren. Kurz vor Ende der Garzeit abgeriebene Orangenschale, Orangenfilets und Koriander unterrühren. Mit Sojasauce, Honig und Zitronensaft abschmecken.

Noch ein Tipp:
Schneller geht es, wenn Sie fertige Zartbitter-Kaffeebohnen (im Backwarenregal) oder mit Schokolade überzogene Rosinen (im Süßwarenregal) verwenden.

Zutaten:

10 g Zartbitter-Schokolade
1 gestr. TL Butter
10–12 geröstete Kaffeebohnen
100 g Schlagsahne
450–500 g Joghurt
30 g Puderzucker
1 Beutel (15 g) Instant-Cappuccino-Pulver
(ersatzweise 1 EL loses Cappuccino-Pulver)
2–3 TL Kaffee- oder Amarettolikör
Puderzucker zum Bestäuben

Pro Portion:
E: 10 g, F: 28 g, Kh: 39 g,
kJ: 2062, kcal: 493, BE: 3,5

Cappuccino-Schichtcreme

Mit Alkohol

Zubereitungszeit: etwa 20 Minuten, ohne Abkühlzeit, für 2 Personen.

Zubereitung:

1. Schokolade mit Butter in einem kleinen Topf im heißen Wasserbad bei schwacher Hitze schmelzen. Kaffeebohnen mit der Masse vermengen, herausnehmen und auf ein Stück Backpapier legen. Schokolade fest werden lassen (bei Zimmertemperatur oder im Kühlschrank).

2. In der Zwischenzeit Sahne steif schlagen. Joghurt mit Puderzucker in einer Schüssel gut verrühren und die Sahne mit einem Schneebesen darunterziehen. Die Hälfte der Joghurtcreme mit dem Cappuccino-Pulver verrühren.

3. Abwechselnd Joghurt- und Cappuccino-Creme in hohe Dessertgläser schichten. Schichtcreme im Kühlschrank mit Frischhaltefolie zugedeckt etwa 1 Stunde kalt stellen.

4. Auf die oberste Cremeschicht den Likör träufeln. Schichtcreme mit Schokobohnen und Puderzucker garniert anrichten.

Tipp:

Statt gerösteter Kaffeebohnen können Sie auch Rosinen, Cranberries oder Mandeln verwenden.

Variante:

Himbeer-Schichtspeise (für 2 Personen). Hierfür 500 g Himbeeren verlesen, evtl. kurz abspülen und abtropfen lassen. Die Himbeeren mit 5 Esslöffeln Himbeergeist beträufeln und etwa 20 Minuten durchziehen lassen. 120 g Baiser (etwa 3 Stücke) mit den Händen grob zerkleinern. 400 g Schlagsahne mit 1 Päckchen Dr. Oetker Vanillin-Zucker steif schlagen. Himbeeren mit Baiserstücken und steif geschlagener Sahne abwechselnd in eine Glasschüssel schichten, die erste und letzte Schicht sollte aus Himbeeren bestehen. Schichtspeise sofort servieren.

Einfach lecker Frucht-Mix mit Kokosschaum

Zubereitungszeit: etwa 25 Minuten, ohne Koch- und Abkühlzeit, für 2 Personen.

Zubereitung:

1. Orange und Grapefruit so schälen, dass die weiße Haut vollständig mitentfernt wird. Das Orangen- und Grapefruitfruchtfleisch zwischen den Trennhäuten herausschneiden.

2. Die Kerne der Melone mit einem Löffel herausschaben. Melonenhälfte in schmale Spalten schneiden und die Spalten schälen. 2 Melonenspalten zum Garnieren beiseitelegen, das restliche Melonenfruchtfleisch würfeln. Orangen- und Grapefruitfruchtfleisch sowie die Melonenwürfel in 2 Gläsern anrichten.

3. In einer Pfanne ohne Fett 1 Esslöffel von den Kokosraspeln goldbraun rösten, dann herausnehmen, auf einen Teller geben und abkühlen lassen.

4. Für den Kokosschaum Milch und Zucker in einem Topf verrühren und aufkochen lassen. Grieß und die restlichen Kokosraspel unterrühren. Das Ganze wieder zum Kochen bringen und bei mittlerer Hitze etwa 4 Minuten köcheln lassen. Den Topf von der Kochstelle nehmen und die Kokos-Grieß-Masse mit Handrührgerät mit Rührbesen etwa 3 Minuten schaumig schlagen. Den Schaum mit Zitronensaft abschmecken und etwas abkühlen lassen.

5. Den Kokosschaum lauwarm über die Früchte geben und mit den gerösteten Kokosraspeln bestreuen.

Zutaten:

1 Orange
1 kleine Grapefruit
½ kleine Galia-Melone
(oder eine andere Zuckermelone)
25 g Kokosraspel

Für den Kokosschaum:
250 ml (¼ l) Milch
20 g Zucker
20 g Hartweizengrieß
½–1 TL frisch gepresster Zitronensaft

Pro Portion:
E: 7 g, F: 12 g, Kh: 63 g,
kcal: 1795, kJ: 430, BE: 5,5

Kleine Warenkunde:

Die **Galia-Melone** mit ihrem hellgrünen Fruchtfleisch zählt zur Gruppe der Zuckermelonen, wie z. B. auch die Honigmelone. Die Zuckermelonen haben je nach Sorte ein gelbes, oranges oder grünes Fruchtfleisch. Es gibt sie vom Sommer bis zum Winter. Achten Sie beim Einkauf darauf, dass die Früchte aromatisch duften. Kaufen Sie feste Früchte ohne Druckstellen, Risse oder Schimmelbildung. Weichschalige Sorten müssen am Blütenansatz auf leichten Druck nachgeben.

Tipps:

Wer den Kokosgeschmack nicht mag, verzichtet auf die Kokosraspel zum Bestreuen und in der Milch. Die andere Hälfte der Galia-Melone hält sich mit Frischhaltefolie zugedeckt im Kühlschrank 3–4 Tage. Das Rezept lässt sich ohne Weiteres für viele Personen zubereiten. Die Zutatenmenge der Gästeanzahl anpassen.

Variante:

Für den Frucht-Mix verwenden Sie am besten die Früchte, die Sie und/oder Ihre Gäste am liebsten mögen bzw. die gerade Saison haben. Gut passt die Kombination von gemischten Beeren wie Brom-, Him- und Johannisbeeren. Beliebt ist auch eine Mischung aus Ananas mit Erdbeeren und Weintrauben.

Partyfutter

Ob Geburtstag, Semesterstart, Examen oder Zwischenprüfung. Ob lang geplant oder ganz spontan per SMS. Ob Brunch, Buffet oder geselliges WG-Essen: Anlässe für coole Partys gibt's genug und diese Rezepte kommen extrem gut an.

Also: Motto finden, Rezepte suchen, einkaufen und entspannt kochen. Natürlich nicht alleine – die beste Freundin hilft!

Wie wäre eine WG-Party mit Hot-Chicken-Pizza, Pasta-Salat, Yufkarollen und Schokoladencreme? Stressfrei vorbereiten lässt sich eine Fingerfood-Party: Reichlich belegte Sandwiches, knuspriges Käsegebäck, bunte Rohkost mit Schmand-Kräuter-Dip. Dazu gefüllte Pitabrote und fruchtiges Tiramisu. – Und für eine Spontan-Party wird aus Zwiebelkuchen-Häppchen, fruchtigem Eisbergsalat, Kiwi-Apfel-Refresher, Pizza-Toasts und dem Klassiker Toast Hawaii schnell ein prima Buffet.

Die Rezepte sind ohne größeren Aufwand gut vorzubereiten oder schnell gemacht. Genau das Richtige für alle, die nicht lange in der Küche stehen, sondern lieber Party machen wollen. – Obwohl: Die besten Partys finden eh' in der Küche statt ...

Simpel Bunter Paprika-Nudel-Eintopf

Dauert etwa 45 Minuten,
für 8 Personen.

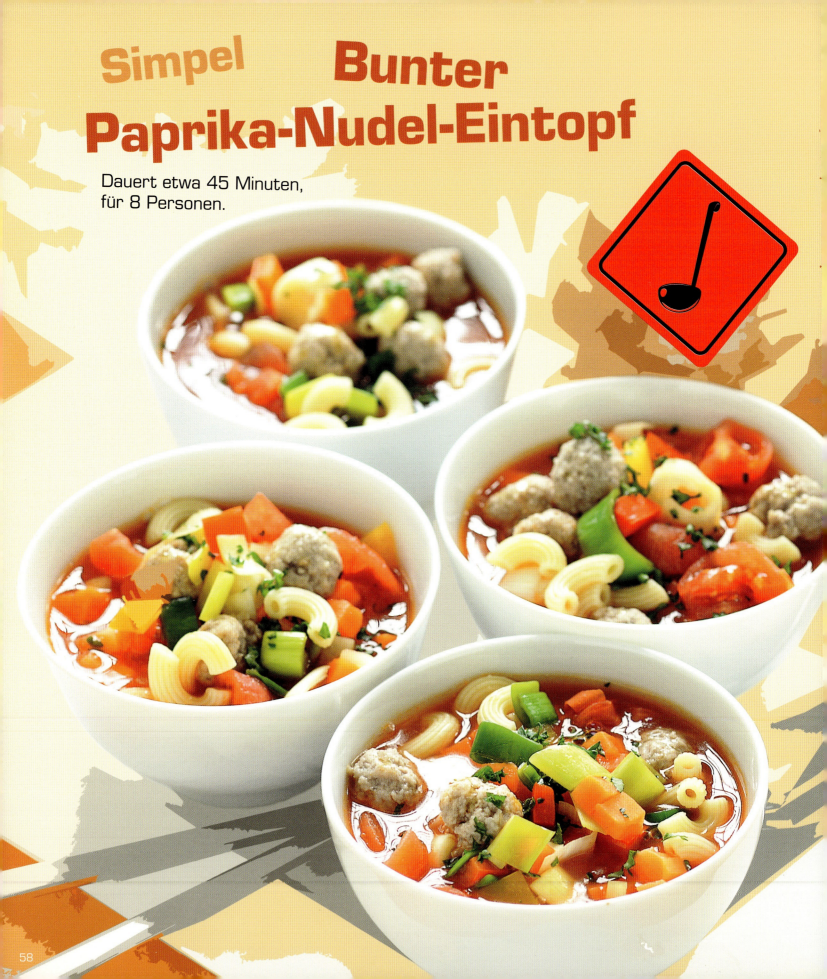

Zutaten:

Für die Fleischklößchen:
2 Brötchen (vom Vortag)
800 g gemischtes Hackfleisch
(halb Rind-, halb Schweinefleisch)
2 Eier (Größe M)
Salz
frisch gemahlener Pfeffer
Paprikapulver edelsüß

Für den Eintopf:
2 Bund Suppengrün (Sellerie, Möhren, Porree)
5–6 EL Speiseöl, z. B. Sonnenblumenöl
je 2 rote, grüne und gelbe Paprikaschoten
1 ½ l Fleischbrühe
400 g Hörnchennudeln
1 Dose geschälte Tomaten
(Einwaage 800 g)

Pro Portion:
E: 32 g, F: 27 g, Kh: 54 g,
kJ: 2492, kcal: 595, BE: 3,5

Zubereitung:

1. Für die Klößchen die Brötchen in kaltem Wasser einweichen und anschließend gut ausdrücken. Das Hackfleisch in einer Schüssel mit den ausgedrückten Brötchen und den Eiern vermengen. Die Fleischmasse mit Salz, Pfeffer und Paprika würzen. Anschließend aus der Masse mit angefeuchteten Händen kleine Klößchen formen.

2. Für den Eintopf Sellerie und Möhren putzen, schälen, abspülen und abtropfen lassen. Anschließend beides in Würfel schneiden. Den Porree putzen, die Stangen längs halbieren, gründlich waschen, abtropfen lassen und in Stücke schneiden. Das Öl in einem großen Topf erhitzen und die Gemüsestücke darin andünsten.

3. Paprikaschoten halbieren, entstielen, entkernen und die weißen Scheidewände entfernen. Die Schoten abspülen, abtropfen lassen und in kleine Stücke schneiden.

4. Die Paprikastücke zum angedünsteten Gemüse geben. Anschließend die Fleischbrühe hinzugießen, zum Kochen bringen und etwa 5 Minuten bei schwacher Hitze zugedeckt kochen lassen.

5. Die Nudeln mit den Fleischklößchen in den Eintopf geben. Die Tomaten mit einem scharfen Messer in der Dose zerkleinern und mit dem Tomatensud in den Eintopf geben.

6. Die Zutaten zum Kochen bringen und zugedeckt bei schwacher Hitze etwa 10 Minuten gar ziehen lassen. Den Eintopf mit Salz und Pfeffer abschmecken.

Dazu passen:
Ciabatta oder Baguette.

Tipps:
Die Suppe mit fein gehackter Petersilie bestreuen.
Die Nudeln bleiben bissfest, wenn sie separat nach Packungsanleitung gekocht und erst am Schluss in den Eintopf gegeben werden.

Geht schneller:
Statt selbst gemachten Fleischklößchen fertige Hackfleischbällchen (etwa 1 kg, aus dem Kühlregal) verwenden und kurz im Eintopf erwärmen. Statt frischem Suppengrün etwa 500 g TK-Suppengrün nehmen – so spart man sich das Putzen des Gemüses. Unaufgetautes TK-Suppengrün mit den Nudeln und den Tomaten zufügen. Alles garen wie im Rezept beschrieben.

Curry-Suppentopf
Schmeckt nach mehr

Dauert etwa 60 Minuten,
für 10–12 Personen.

Zubereitung:

1. Putenschnitzel unter fließendem kalten Wasser abspülen, trocken tupfen und in kleine Würfel schneiden. Zwiebeln abziehen, halbieren und ebenfalls klein würfeln. Porree putzen, die Stangen längs halbieren, gründlich waschen, abtropfen lassen und in schmale Streifen schneiden.

2. Speiseöl in einem großen Topf erhitzen. Die Fleischwürfel darin von allen Seiten leicht anbraten und wieder herausnehmen. Die Zwiebelwürfel mit den Porreestreifen in dem verbliebenen Bratfett andünsten.

3. Die Fleischwürfel zurück in den Topf geben, mit Curry und Mehl bestäuben und gut verrühren. Hühnerbrühe hinzugießen und die Suppe unter Rühren zum Kochen bringen. Die Suppe zugedeckt etwa 30 Minuten unter gelegentlichem Rühren bei schwacher Hitze köcheln lassen.

4. Anschließend Crème fraîche unterrühren und die Suppe mit Salz und Pfeffer würzen.

5. Kurz vor Ende der Garzeit die Äpfel abspülen, abtrocknen, vierteln, entkernen und in schmale Spalten schneiden. Die Apfelspalten mit Zitronensaft beträufeln und kurz vor dem Servieren in die Suppe geben und darin erwärmen.

Dazu passt:

Frisches Baguettebrot – pro Person sollten etwa 60 g eingeplant werden.

Zutaten:

750 g Putenschnitzel
3 kleine Zwiebeln
2–3 Stangen Porree (Lauch, etwa 450 g)
5–6 EL Speiseöl, z. B. Sonnenblumenöl
3 leicht geh. EL Currypulver
6 EL Weizenmehl (40–50 g)
3 l Hühnerbrühe
150 g Crème fraîche
Salz
frisch gemahlener Pfeffer
3 kleine Äpfel
Saft von 1–2 Zitronen

Pro Portion:
E: 19 g, F: 13 g, Kh: 10 g,
kJ: 979, kcal: 235, BE: 0,5

Tipp:

Der Curry-Suppentopf schmeckt auch mit Hähnchenbrustfilets.

Auch lecker:

Für eine **Curry-Suppe mit Staudensellerie und Mais** den Porree durch 350 g Staudensellerie (etwa 5 Stangen) und 1 Dose Gemüsemais (Abtropf- gewicht 285 g) ersetzen. Staudensellerie putzen und die harten Außenfä- den abziehen. Sellerie abspülen, abtropfen lassen und in dünne Scheiben schneiden. Selleriescheiben mit den Zwiebelwürfeln im Bratfett andünsten. Fleischwürfel zugeben und mit den anderen Zutaten garen. 5–10 Minuten vor Ende der Garzeit den abgetropften Mais zufügen und mitgaren.

Zubereitung:

1. Den Reis in kochendem Salzwasser nach Packungsanleitung garen. Dann in einem Sieb abtropfen und
erkalten lassen, dabei gelegentlich umrühren.

2. Die Cabanossi in dünne Scheiben schneiden. Paprikaschoten halbieren, entstielen, entkernen und die weißen
Scheidewände entfernen. Schoten abspülen, abtropfen
lassen und in kleine Würfel schneiden. Staudensellerie
putzen und die harten Außenfäden abziehen. Sellerie abspülen, abtropfen lassen und in dünne Scheiben schneiden. Das Selleriegrün zum Garnieren beiseitelegen.

3. Mais in einem Sieb abtropfen lassen. Kidney-Bohnen
ebenfalls in ein Sieb geben, mit kaltem Wasser abspülen und abtropfen lassen.

4. Den Reis mit Cabanossi, Paprikawürfeln, Selleriescheiben, Mais und Kidney-Bohnen in eine große Schüssel geben und gut vermischen.

5. Für die Marinade Essig mit Ketchup und Senf verrühren. Knoblauch abziehen, fein hacken oder durch eine
Knoblauchpresse drücken und hinzufügen.
Das Öl unterschlagen. Mit Salz, Pfeffer
und Zucker würzen.

6. Die Marinade mit den Salatzutaten in
der Schüssel gut vermischen. Den Salat
mit Frischhaltefolie zugedeckt etwa 2 Stunden durchziehen lassen. Anschließend nochmals mit Salz und Pfeffer abschmecken.

7. Das Selleriegrün grob zerkleinern. Den
Salat vor dem Servieren damit garnieren.

Dazu passt:
Fladenbrot.

Tipp:
Wer den typischen Knoblauchgeschmack der Cabanossi
nicht mag, nimmt stattdessen Rauchenden (Mettenden).
Diese je nach Größe in kleine Würfel schneiden.

Oder lieber vegetarisch:
Wer ruckzuck einen **vegetarischen Mais-Bohnen-Salat**
zubereiten möchte (für 8 Personen) nimmt die gleiche
Menge Reis, 2 Dosen Gemüsemais (Abtropfgewicht je
285 g), 2 Gläser Silberzwiebeln (Abtropfgewicht 190 g)
und 2 Dosen Kidney-Bohnen (Abtropfgewicht je 250 g).
Mais und Zwiebeln abtropfen lassen. Kidney-Bohnen in
ein Sieb geben, mit kaltem Wasser abspülen und abtropfen lassen. 250 g Joghurt-Salatcreme und 6 Esslöffel Tomatenketchup verrühren und mit den Salatzutaten mischen. Nach Belieben salzen und pfeffern.

Zutaten:

500 g Patna-Langkornreis
Salz
600 g Knabber-Cabanossi
2 gelbe Paprikaschoten
3 Stangen Staudensellerie
2 Dosen Gemüsemais
(Abtropfgewicht je 285 g)
2 Dosen Kidney-Bohnen
(Abtropfgewicht je 250 g)

Für die Marinade:
3 EL Weißweinessig
3 EL Tomatenketchup
½ TL milder Senf
2 kleine Knoblauchzehen
6 EL Olivenöl
Salz
frisch gemahlener Pfeffer
1 TL Zucker

Pro Portion:
E: 19 g, F: 25 g, Kh: 58 g,
kJ: 2235, kcal: 534, BE: 4,5

Dauert etwa 40 Minuten,
ohne Abkühl- und Durchziehzeit,
für 10 Personen.

Mais-Bohnen-Salat
Simpel
mit Cabanossi

Pasta-Salat mit Rucola und Mais

Preiswert – pikant

Dauert etwa 40 Minuten, ohne Durchziehzeit,
für 8–10 Personen.

Zubereitung:

1. Wasser in einem großen geschlossenen Topf zum Kochen bringen. Dann Salz und Nudeln hinzugeben. Die Nudeln im geöffneten Topf bei mittlerer Hitze nach Packungsanleitung bissfest kochen, dabei gelegentlich umrühren. Etwa 3 Minuten vor Ende der Garzeit die Erbsen zufügen und mitgaren. Anschließend Nudeln und Erbsen in ein Sieb geben, mit kaltem Wasser abspülen und abtropfen lassen.

2. Inzwischen Rucola verlesen und die dicken Stängel abschneiden. Rucola abspülen, gut abtropfen lassen oder trocken schleudern und evtl. etwas kleiner zupfen. Anschließend den Mais in einem Sieb abtropfen lassen.

3. Für die Sauce Orangensaft, Essig und Öl verrühren. Knoblauch abziehen und fein hacken oder durch die Knoblauchpresse drücken und hinzufügen. Die Sauce mit Salz und Pfeffer würzen.

4. Die lauwarmen Nudeln und Erbsen mit Rucola, Mais und Sauce in einer großen Schüssel vermischen. Den Pasta-Salat etwa 20 Minuten durchziehen lassen.

5. Vor dem Servieren Parmesan in grobe Streifen hobeln und unter den Salat rühren. Den Salat mit Salz und Pfeffer abschmecken.

Zutaten:

Wasser
Salz
500 g Nudeln (z. B. Penne)
300 g TK-Erbsen
125 g Rucola (Rauke)
1 Dose Gemüsemais
(Abtropfgewicht 285 g)

Für die Sauce:
6 EL Orangensaft
2 EL Balsamico-Essig
4 EL Olivenöl
1–2 Knoblauchzehen
Salz
frisch gemahlener Pfeffer

Außerdem:
75 g Parmesan-Käse

Pro Portion:
E: 13 g, F: 9 g, Kh: 49 g,
kJ: 1386, kcal: 331, BE: 4,0

Dazu passen:

Ciabatta und leichter Rot- oder Roséwein.

Tipps:

Zusätzlich 2 Packungen gebratene Hähnchenfiletstreifen (je 150 g, aus dem Kühlregal) mit den Salatzutaten vermischen.
Am besten schmeckt der Nudelsalat, wenn man die Nudeln lauwarm mit den übrigen Zutaten vermischt. Die Nudeln für den Salat gleich nach dem Abgießen mit 1 Esslöffel Olivenöl vermischen: So glänzen die Nudeln schön und kleben nicht zusammen. Das Öl kann man bei der Marinade wieder einsparen.

Der geht immer
Reis-Schafkäse-Salat

Dauert etwa 40 Minuten,
für 12 Personen.

Reis-Schafkäse-Salat

Dauert etwa 40 Minuten.

für 4 Personen

Couscous-Salat
Ideal zum Vorbereiten

Dauert etwa 30 Minuten, ohne Durchziehzeit,
für 8 Personen.

Zubereitung:

1. Couscous mit der Gemüsebrühe nach Packungsanleitung in einem großen Topf zubereiten. Den Topf
mit dem Couscous beiseitestellen. Couscous vollständig erkalten lassen.

2. In der Zwischenzeit Knoblauch und Zwiebeln abziehen, halbieren und fein würfeln. Paprikaschoten
halbieren, entstielen, entkernen und die weißen
Scheidewände entfernen. Die Schoten abspülen,
abtropfen lassen und in feine Würfel schneiden.

3. Die Salatgurke abspülen, abtrocknen und die
Enden abschneiden. Anschließend die Gurke längs
halbieren, mit einem Teelöffel die Kerne entfernen.
Gurke in Stücke schneiden.

4. Die Fleischtomaten kreuzweise einschneiden und
mit kochendem Wasser übergießen. Tomaten mit
kaltem Wasser abschrecken, enthäuten, halbieren
und die Stängelansätze herausschneiden. Tomaten
entkernen und in kleine Stücke schneiden.

5. Den beiseitegestellten Couscous in eine große
Salatschüssel geben und mit 2 Gabeln etwas auf-
lockern. Knoblauch-, Zwiebel- und Paprikawürfel,
Gurken- und Tomatenstücke unterheben.

6. Für die Salatsauce Zitronensaft mit Öl verschlagen und mit Salz, Pfeffer und Chilipulver würzen. Die
Sauce mit den Salatzutaten vermengen und zugedeckt etwa 2 Stunden in den Kühlschrank stellen.

7. Zum Servieren die Kräuter abspülen und trocken
tupfen. Die Blättchen von den Stängeln zupfen und
fein hacken. Die Kräuterblättchen unter den Cous-
cous-Salat mischen. Vor dem Servieren den Salat
nochmals abschmecken.

Zutaten:

400 g Couscous
etwa 1½ l Gemüsebrühe
2 Knoblauchzehen
2 Zwiebeln
je 2 kleine grüne und gelbe Paprikaschoten (je etwa 150 g)
1 Salatgurke
6 Fleischtomaten

Für die Salatsauce:
Saft von 2 Zitronen
6 EL Olivenöl
Salz
frisch gemahlener Pfeffer
½ TL Chilipulver
1 Bund glatte Petersilie
7–8 Stängel Koriander

Pro Portion:
E: 9 g, F: 8 g, Kh: 44 g,
kJ: 1201, kcal: 287, BE: 3,0

Tipps:

Mit Instant-Couscous geht es noch schneller. Er
muss nur noch in heißem Salzwasser oder Gemüsebrühe ausquellen (Packungsanleitung beachten).
Statt Fleischtomaten können Sie auch etwa 800 g
normale Tomaten verwenden.

Variante:

Wer es arabischer mag, bereitet einen **Bulgur-
Salat** zu. Statt Couscous die gleiche Menge Bulgur
nach Packungsanleitung ausquellen lassen. Die übrigen Salatzutaten bleiben gleich.
Wer möchte, ersetzt zusätzlich den Koriander durch
7–8 Stängel Minze und würzt statt mit Chilipulver
mit etwas Kreuzkümmel (Cumin).

Zubereitung:

1. Für die Tandoori-Spieße die Hähnchenbrustfilets unter fließendem kalten Wasser abspülen, trocken tupfen und in dünne, flache Streifen schneiden. Die Fleischstreifen wellenförmig auf die Holzspieße stecken.

2. Joghurt und Gewürzmischung in einer Schüssel verrühren. Das Fleisch in eine flache Schale legen, mit der Joghurt-Tandoori-Mischung bestreichen und mit Frischhaltefolie zugedeckt im Kühlschrank etwa 1 Stunde durchziehen lassen.

3. Den Backofen vorheizen.
Ober-/Unterhitze: etwa 200 °C
Heißluft: etwa 180 °C

4. Für den Dip Knoblauchzehen abziehen, durch eine Knoblauchpresse drücken oder sehr fein hacken und zu dem Joghurt geben. Mit Zitronensaft, Salz und Pfeffer würzen.

5. Die Spieße auf ein Backblech (mit Backpapier belegt) legen, nochmals mit der Joghurt-Gewürz-Mischung bestreichen. Das Backblech in den vorgeheizten Backofen schieben und die Spieße **etwa 15 Minuten garen.**

6. Nach etwa der Hälfte der Backzeit die Spieße wenden, nach Belieben nochmals mit der Joghurt-Gewürz-Mischung bestreichen, dann bei der **oben angegebenen Backofeneinstellung** weitergaren.

7. Die Spieße herausnehmen und mit dem Knoblauch-Dip servieren.

Tipps:

Die Holzspieße evtl. in kaltem Wasser einweichen, damit sie aufquellen und nicht splittern. Das Fleisch lässt sich besonders gut schneiden, wenn Sie es vorher etwa 2 Stunden in das Gefrierfach legen.

Dazu passt:

Für **Couscous mit Gemüse** (8–10 Personen) 5 Knoblauchzehen und 5 Zwiebeln abziehen und beides in feine Würfel schneiden. 750 g Zucchini und 1 kg Auberginen waschen, abtrocknen, die Enden abschneiden. Vorbereitetes Gemüse in etwa 1½ cm große Würfel schneiden. 750 g Kürbis in Spalten schneiden, schälen, Kerne entfernen. Kürbisfleisch abspülen, abtropfen lassen und würfeln. 600 g Möhren putzen, schälen, abspülen und ebenfalls in Würfel schneiden. 12–15 Fleischtomaten waschen, abtrocknen und Stängelansätze herausschneiden. Tomaten in Würfel schneiden. In einem großen, weiten Topf 8 Esslöffel Olivenöl erhitzen, Knoblauch und Zwiebeln darin andünsten. Zucchini, Auberginen, Kürbis, Möhren und Tomaten hinzufügen. Mit Salz, Pfeffer, etwas gemahlenem Zimt, 1 gestrichenem Esslöffel Paprikapulver edelsüß, 2–3 Esslöffeln Harissa (afrikanische Gewürzpaste), gemahlenen Nelken (oder Piment) und Kreuzkümmel würzen, etwa 15 Minuten bei schwacher Hitze zugedeckt schmoren lassen, dabei ab und zu umrühren. Dann 750 g Couscous mit 900 ml heißer Gemüsebrühe übergießen und im geschlossenen Topf bei schwacher Hitze 15 Minuten quellen lassen. Couscous mit 2 Gabeln auflockern, auf Tellern oder in Schüsseln verteilen und das Gemüse darübergeben. Nach Belieben Couscous mit 4 Esslöffeln gehackter Petersilie bestreuen.

Exotisch
Tandoori-Spieße

Zubereitungszeit: 45 Minuten, ohne Durchziehzeit,
Backzeit: etwa 15 Minuten, für 8–10 Personen.

Zutaten:

Für die Tandoori-Spieße:
1½–2 kg Hähnchenbrustfilets
450 g Joghurt (3,5 % Fett)
4–4½ EL Tandoori-Gewürzmischung
(aus dem Glas)

Für den Knoblauch-Dip:
2–3 Knoblauchzehen
300 g Joghurt (3,5 % Fett)
3–4 EL frisch gepresster Zitronensaft
Salz
frisch gemahlener Pfeffer

Außerdem:
etwa 40 Holzspieße

Pro Portion:
E: 49 g, F: 4 g, Kh: 5 g,
kJ: 1131, kcal: 271, BE: 0,5

Veggie Moussaka Macht richtig satt

Zubereitungszeit: 50 Minuten
Backzeit: etwa 20 Minuten, für 8–10 Personen.

Zutaten:

3 Zwiebeln
4–5 Zucchini (etwa 1,25 kg)
4–5 große Auberginen (etwa 1,8 kg)
Salz
8 Tomaten
2 Stängel Thymian
2 Stängel Rosmarin
etwa 200 ml Olivenöl
4–5 EL Weizenmehl
frisch gemahlener, bunter Pfeffer
3 Knoblauchzehen
150 g geriebener Parmesan-Käse

Pro Portion:
E: 11 g, F: 30 g, Kh: 14 g,
kJ: 1541, kcal: 367, BE: 0,5

Zubereitung:

1. Zwiebeln abziehen und in feine Würfel schneiden. Zucchini waschen, abtrocknen, die Enden abschneiden. Zucchini in Würfel schneiden.

2. Auberginen waschen, abtrocknen, die Enden abschneiden. Auberginen in ½–1 cm dicke Scheiben schneiden, mit Salz bestreuen und etwa 15 Minuten Saft ziehen lassen.

3. In der Zwischenzeit Tomaten waschen, abtrocknen, halbieren und die Stängelansätze herausschneiden. Tomaten entkernen und das Tomatenfruchtfleisch in Würfel schneiden.

4. Thymian- und Rosmarinstängel abspülen, trocken tupfen, Blättchen bzw. Nadeln von den Stängeln zupfen und Blättchen bzw. Nadeln fein hacken.

5. Etwas von dem Öl in einer Pfanne erhitzen. Die Auberginenscheiben mit Küchenpapier trocken tupfen. Auberginenscheiben in Mehl wälzen und portionsweise in dem Öl von beiden Seiten anbraten. Die gebratenen Auberginenscheiben in einer großen, gefetteten Auflaufform fächerförmig einschichten und warm stellen.

6. Den Backofen vorheizen.
   Ober-/Unterhitze: etwa 200 °C
   Heißluft: etwa 180 °C

7. Das restliche Öl in der Pfanne erhitzen. Die Zwiebelwürfel darin andünsten. Zucchini- und Tomatenwürfel und gehackte Kräuter hinzugeben. Mit Salz und Pfeffer würzen. Knoblauchzehen abziehen, durch eine Knoblauchpresse drücken und unterrühren. Die Gemüsemischung 2–3 Minuten bei schwacher Hitze kochen lassen. Mit Salz und Pfeffer abschmecken.

8. Die Gemüsemischung zwischen den Auberginenscheiben verteilen und mit Parmesan bestreuen. Die Form auf dem Rost in den heißen Backofen schieben und **etwa 20 Minuten überbacken.**

Dazu passt:
Fladenbrot.

Tipp:
Wer keine große Auflaufform hat, backt das Moussaka in zwei kleinen Formen.

Variante:
Klassisches Moussaka (für 8–10 Personen) Dafür 2¼ kg Auberginen waschen, abtrocknen, die Enden abschneiden. Auberginen in ½–1 cm dicke Scheiben schneiden, mit Salz bestreuen und etwa 15 Minuten stehen lassen. Inzwischen 750 g Tomaten kreuzweise einschneiden und kurz in kochendes Wasser legen, in kaltem Wasser abschrecken, enthäuten, Stängelansätze herausschneiden und Tomaten in Scheiben schneiden. 3 Zwiebeln abziehen und würfeln. Etwas von 200 ml Olivenöl in einer Pfanne erhitzen. Auberginenscheiben mit Küchenpapier etwas trocken tupfen, portionsweise in dem Öl von beiden Seiten anbraten, auf Küchenpapier abtropfen lassen. Backofen vorheizen. Restliches Öl in der Pfanne erhitzen, die Zwiebelwürfel darin glasig andünsten und 800–1000 g Gehacktes (Lamm- oder Rindfleisch) hinzufügen. Unter Rühren anbraten, dabei die Klümpchen mit einer Gabel zerdrücken. Mit Salz, Pfeffer und je 1½ Teelöffel getrocknetem, gerebelten Oregano, Thymian und Basilikum würzen. Etwa 5 Minuten schmoren lassen. 3 Knoblauchzehen abziehen, durch eine Knoblauchpresse drücken und unterrühren. Die Hälfte der Auberginenscheiben in eine große, flache, gefettete Auflaufform geben, mit Salz, Pfeffer und 1½ Esslöffeln gehackter Petersilie (frisch oder TK-Ware) bestreuen. Die Hälfte der Tomatenscheiben daraufgeben, das Gehackte darauf verteilen und nacheinander die restlichen Auberginen- und Tomatenscheiben fächerartig darauflegen. 450 g Joghurt (3,5 % Fett) mit 175 ml Milch und 3 frischen Eiern (Größe M) verrühren und über die Zutaten gießen. 200 g geriebenen Gouda-Käse darüberstreuen. Die Moussaka auf dem Rost in den vorgeheizten Backofen schieben und **bei angegebener Temperatur etwa 35 Minuten backen.**

Zutaten:

2 Bund Frühlingszwiebeln
2 Dosen Gemüsemais
(Abtropfgewicht je 285 g)
500 g Tomaten
400 g Doppelrahm-Frischkäse
450 g Joghurt (3,5 % Fett)
2 Bund glatte Petersilie
Salz
frisch gemahlener Pfeffer
Chilipulver
2 Pck. Weizentortillas
(je 8 Fladenbrote aus Weizenmehl)
250 g geraspelter Emmentaler-Käse

Pro Portion:
E: 26 g, F: 33 g, Kh: 56 g,
kJ: 2665, kcal: 635, BE: 4,0

Für Freunde
Überbackene

Zubereitungszeit: 40 Minuten, ohne Aufwärmzeit
Backzeit: etwa 20 Minuten, für 8 Personen.

Enchiladas mit Gemüse

Zubereitung:

1. Backofen vorheizen.
Ober-/Unterhitze: etwa 200 °C
Heißluft: etwa 180 °C

2. Frühlingszwiebeln putzen, waschen, abtropfen lassen und in feine Scheiben schneiden. Mais in einem Sieb abtropfen lassen. Tomaten waschen, abtrocknen, halbieren und die Stängelansätze herausschneiden. Tomatenhälften in kleine Würfel schneiden.

3. Frischkäse mit Joghurt glattrühren. Petersilie abspülen, trocken tupfen, die Blättchen von den Stängeln zupfen. Blättchen fein hacken und unter die Käse-Joghurt-Masse heben. Frühlingszwiebelscheiben, Mais und Tomatenwürfel hinzufügen und unterrühren. Die Füllung mit Salz, Pfeffer und Chilipulver würzen.

4. Tortillas auf einen Rost legen und im vorgeheizten Backofen **etwa 2 Minuten** erwärmen.

5. Aufgewärmte Tortillas einzeln hinlegen, je 1 Esslöffel von der Füllung in die Mitte geben, etwas glatt streichen und aufrollen. Aufgerollte Tortillas in eine gefettete, große, flache Auflaufform geben.

6. Die restliche Füllung auf den Tortillas verteilen, mit Emmentaler bestreuen und die Form auf dem Rost **bei gleicher Backofeneinstellung in den Backofen schieben und etwa 20 Minuten backen.**

7. Überbackene Enchiladas aus dem Ofen nehmen und sofort servieren.

Variante I:

Für **Fajita mit Gehacktem** (ergibt 8 Stück) Backofen zum Aufwärmen der 8 Tortillas vorheizen (siehe Rezeptpunkt 1 und 3). Je 1 Zwiebel und 1 Knoblauchzehe abziehen und fein hacken. 1½ Esslöffel Speiseöl in einer Pfanne erhitzen, 500 g Gehacktes (halb Rind-, halb Schweinefleisch) hinzufügen und unter Rühren anbraten, dabei die Klümpchen mit einer Gabel grob zerteilen. Zwiebel- und Knoblauchwürfel hinzugeben und ebenfalls andünsten. 1 Dose Gemüsemais (Abtropfgewicht 285 g) in einem Sieb abtropfen lassen. Mais mit 2 geschälten, fein gewürfelten Möhren und ½ Dose gewürfelter Tomaten (etwa 200 g) hinzufügen. Zutaten zugedeckt etwa 4 Minuten bei mittlerer Hitze erwärmen und garen. 2 Esslöffel Crème fraîche unterrühren, kurz miterwärmen. Gehacktes mit Salz, frisch gemahlenem Pfeffer und etwas Cayennepfeffer abschmecken. Aufgewärmte Tortillas einzeln hinlegen, je 1 Esslöffel der Füllung in die Mitte geben und zusammenklappen.

Variante II:

Für **Fajita mit Hähnchen** (ergibt 8 Stück) Backofen zum Aufwärmen der 8 Tortillas vorheizen (siehe Rezeptpunkt 1 und 3). Von ½ kleinen Eisbergsalat die äußeren, welken Blätter entfernen, den Salat halbieren und in schmale Streifen schneiden. Salat waschen und trocken schleudern. 1 Dose Mandarinen (Abtropfgewicht 175 g) in einem Sieb abtropfen lassen, dabei 2 Esslöffel Mandarinensaft auffangen und die Mandarinen quer halbieren. 6 Esslöffel (etwa 200 g) Joghurt-Salatcreme (aus dem Glas) mit den 2 Esslöffeln Mandarinensaft glattrühren, mit Salz, Pfeffer und ¼–½ Teelöffel Currypulver würzen. Salatstreifen, Mandarinenhälften und 1 Packung (150 g) gebackene Hähnchenstreifen (aus dem Kühlregal) unterheben. Aufgewärmte Tortillas einzeln hinlegen, je 1 Esslöffel der Füllung in die Mitte geben und zusammenklappen.

Zubereitung:

1. Zwiebel abziehen und fein würfeln. Öl in einer Pfanne erhitzen, Zwiebelwürfel und Gehacktes darin anbraten, dabei die Fleischklümpchen mit einer Gabel grob zerkleinern.

2. Knoblauchzehen abziehen, durch die Knoblauchpresse drücken und unterrühren.

3. Mit Gewürzmischung, Salz, Pfeffer und Paprikapulver abschmecken. Brühe hinzugießen, umrühren und etwa 15 Minuten zugedeckt bei mittlerer Hitze garen, dabei ab und zu umrühren. Hackfleisch abschmecken.

4. Inzwischen den Backofen vorheizen.
Ober-/Unterhitze: etwa 180 °C
Heißluft: etwa 160 °C

5. Avocado halbieren, den Stein entfernen. Avocado schälen, das Fruchtfleisch in Würfel schneiden und mit Zitronensaft beträufeln. Mais in ein Sieb geben und abtropfen lassen. Für einen Kräuter-Dip saure Sahne und gehackte Kräuter verrühren, nach Belieben mit Salz und Pfeffer würzen.

6. Vom Eisbergsalat die äußeren, welken Blätter entfernen, den Salat vierteln, in feine Streifen schneiden, waschen und trocken tupfen oder schleudern. Frühlingszwiebeln putzen, waschen, abtropfen lassen und in feine Scheiben schneiden.

7. Taco-Schalen mit der offenen Seite nach unten nebeneinander auf ein Backblech setzen, **im vorgeheizten Backofen 3–4 Minuten erwärmen.**

8. Alle Zutaten zum Garnieren der Tacos in Schüsseln anrichten, das Hackfleisch in einer Schale auf einem Rechaud (oder einem Stövchen) warm stellen. Jeweils einen Taco mit Hackfleisch, Eisbergsalat, Frühlingszwiebeln, Mais, Avocado- und Zwiebelwürfeln füllen, mit Kräuter-Dip und/oder Taco-Dip beträufeln und mit Gouda bestreuen.

Zutaten:

1 Zwiebel
4 EL Speiseöl, z.B. Sonnenblumenöl
750 g Rindergehacktes
2 Knoblauchzehen
1 Beutel (etwa 35 g) mexikanische Gewürzmischung
Salz
frisch gemahlener Pfeffer
Paprikapulver edelsüß
125 ml (⅛ l) Fleischbrühe
1 Avocado
1–2 TL frisch gepresster Zitronensaft
1 Dose Gemüsemais (Abtropfgewicht 285 g)
1 Becher (150 g) saure Sahne
1 EL gehackte Kräuter, z.B. Petersilie, Basilikum
1 kleiner Eisbergsalat
1 Bund Frühlingszwiebeln
1 Pck. große Taco-Schalen (12 Stück)
1 Dose (200 ml) Taco-Dip
125 g geriebener, mittelalter Gouda-Käse

Pro Portion:
E: 23 g, F: 33 g, Kh: 20 g,
kJ: 1972, kcal: 471, BE: 1,5

Dazu passt:

Caesar's Salat (8–10 Personen). 8 Scheiben Toastbrot in kleine Würfel schneiden. 60 g Butter in einer Pfanne zerlassen und die Toastbrotwürfel darin bei mittlerer Hitze hellbraun braten. Auf einen Teller geben und abkühlen lassen. 400 g Salatmayonnaise, 100 g Schlagsahne, 3 Esslöffel frisch geriebener Parmesan-Käse, 2 Esslöffel Weißweinessig, Salz und Pfeffer in einen hohen Rührbecher geben und pürieren. 2 Knoblauchzehen abziehen und durch die Knoblauchpresse dazudrücken. Dressing verrühren, mit Salz und Pfeffer abschmecken. 2 Köpfe Römersalat putzen, waschen, trocken tupfen oder schleudern. Salat in mundgerechte Stücke zupfen. Salat mit Dressing beträufeln, mit 100 g frisch gehobeltem Parmesan-Käse und den Croûtons bestreut servieren. Dazu frisches Baguette reichen.

Tipp:

Ganz Eilige nehmen fertig gekaufte Croûtons.

Tacos mit Hack-fleischfüllung

Zubereitungszeit 55 Minuten,
Backzeit: 3–4 Minuten
für 8–10 Personen (ergibt 12 gefüllte Tacos).

Für Freunde

Für Freunde

Putenschnitzel in Kokospanade

Dauert 80 Minuten,
Backzeit: etwa 15 Minuten, für 8–10 Personen.

Zubereitung:

1. Backofen vorheizen.
Ober-/Unterhitze: etwa 150 °C
Heißluft: etwa 130 °C

2. Putenschnitzel unter fließendem kalten Wasser abspülen, trocken tupfen, mit Salz und Pfeffer würzen. Eier in einer Schüssel mit dem Schneebesen verschlagen. Kokosraspel ebenfalls in eine Schüssel geben. Schnitzel zuerst in Mehl wenden, dann durch die verschlagenen Eier ziehen, Schnitzel am Schüsselrand etwas abstreifen und zuletzt in den Kokosraspeln wenden. Panade fest andrücken.

3. Jeweils die Hälfte des Speiseöls in einer großen Pfanne erhitzen, Schnitzel in 2 Portionen von beiden Seiten darin anbraten, herausnehmen und auf ein gefettetes Backblech legen. Das Backblech in den vorgeheizten Backofen schieben **und etwa 15 Minuten backen.**

4. In der Zwischenzeit für die Beilage Mangos in der Mitte längs durchschneiden. Das Fruchtfleisch vom Stein schneiden. Mangostücke schälen und das Fruchtfleisch in 8–10 gleich große Stücke schneiden. Ananasscheiben in einem Sieb abtropfen lassen, Bananen schälen.

5. Currysauce in einem Topf nach Packungsanleitung mit Wasser und Sahne zubereiten. Mango-Chutney und Chilisauce unterrühren.

6. Jeweils etwas von der Butter oder Margarine in einer großen Pfanne zerlassen. Die vorbereiteten Früchte (ganz oder halbiert) portionsweise bei schwacher Hitze unter Wenden darin braten.

7. Minze abspülen, trocken tupfen und die Blättchen von den Stängeln zupfen. Die Schnitzel mit den gebratenen Früchten und der Currysauce anrichten, mit Minzeblättchen garniert servieren.

Dazu passt:

Gedünsteter Reis (8–10 Personen).
Dafür 2 Zwiebeln abziehen, halbieren und fein würfeln. 40 g Butter oder Margarine in einem Topf zerlassen. Zwiebelwürfel und 400 g Langkornreis darin andünsten. 800 ml Gemüsebrühe hinzugießen, zum Kochen bringen und den Reis bei kleiner Hitze zugedeckt quellen lassen. Den garen Reis eventuell mit Salz abschmecken. Ganz Eilige bereiten Kochbeutelreis nach Packungsanleitung zu.

Tipps:

Statt Putenschnitzel Hähnchenbrustfilets verwenden. Nach Belieben die Schnitzel in Sesamsamen, Semmelbröseln, getrockneten Kräutern (mit Semmelbröseln gemischt) oder nur in Mehl wenden, Panade gut andrücken.
Schnitzel salzen, pfeffern und nach Belieben mit etwas Currypulver oder Paprikapulver (edelsüß) bestreuen.
Für weniger Gäste das Rezept halbieren.

Zutaten:

10 Putenschnitzel (je etwa 120 g)
Salz
frisch gemahlener Pfeffer
4 Eier (Größe M)
200 g Kokosraspel
4 EL Weizenmehl
6 EL Speiseöl

Für die Fruchtbeilage:
2 Mangos (etwa 1 kg)
1 große Dose Ananas in Scheiben (Abtropfgewicht 490 g)
4–5 Bananen (etwa 500 g)
2 Pck. Instant Currysauce (für je 250 ml (¼ l) Flüssigkeit)
400 ml Wasser
100 g Schlagsahne
2 EL Mango-Chutney (Fertigprodukt)
2 EL süße Chilisauce (Fertigprodukt)
100 g Butter oder Margarine

1 Topf Minze

Pro Portion:
E: 37 g, F: 27 g, Kh: 38 g
kJ: 2306, kcal: 552, BE: 3,0

Buletten

Dauert 25 Minuten,
für 8–10 Personen.

Wie bei Muttern

Zubereitung:

1. Brötchen in kaltem Wasser einweichen. Zwiebeln abziehen und fein würfeln.

2. Gehacktes in eine Schüssel geben, mit ausgedrückten Brötchen, Zwiebelwürfeln und Eiern gut vermengen. Fleischmasse mit Salz, Pfeffer und Paprika würzen.

3. Aus der Masse mit angefeuchteten Händen 16–20 Frikadellen formen.

4. Butterschmalz oder Öl in einer Pfanne erhitzen. Die Frikadellen von beiden Seiten darin unter gelegentlichem Wenden bei mittlerer Hitze in etwa 10 Minuten braun und gar braten.

Zutaten:

2 Brötchen (vom Vortag)
4 Zwiebeln
1,2 kg Gehacktes (halb Rind-, halb Schweinefleisch)
2 Eier (Größe M)
Salz
frisch gemahlener Pfeffer
Paprikapulver edelsüß
80 g Butterschmalz oder 8 EL Speiseöl

Pro Portion:
E: 28 g, F: 27 g, Kh: 7 g
kJ:1602, kcal: 382, BE: 0,5

Dazu passt:

Kartoffelpüree (für 8–10 Personen): 2 kg mehligkochende Kartoffeln waschen, schälen, abspülen und klein schneiden. Kartoffeln in kochendem Salzwasser in etwa 15 Minuten gar kochen, abgießen, abdämpfen und mit einem Kartoffelstampfer zerdrücken. 100 g Butter zugeben. Etwa 500 ml (½ l) heiße Milch mit einem Schneebesen nach und nach unter die Kartoffelmasse rühren. Das Püree mit Salz und geriebener Muskatnuss abschmecken. Wichtig: Die Kartoffeln nicht mit einem Mix- oder Pürierstab pürieren, das Püree wird sonst zäh!

Tipp:

Wer mag, dünstet die Zwiebelwürfel vorab in 2–3 Esslöffeln Speiseöl, Zwiebeln herausnehmen, auf Küchenpapier abtropfen und kurz abkühlen lassen. Zwiebelwürfel unter die Fleischmasse rühren.

Variante:

Wer mag, knetet unter die Fleischmasse Oliven, gehackte Kräuter (Schnittlauch, Petersilie), Mozzarella- oder Paprikawürfel. Frikadellen schmecken auch prima kalt.

Zubereitung:

1. Zwiebeln und Knoblauch abziehen, halbieren und würfeln. Das Öl in einem Topf erhitzen. Zwiebel- und Knoblauchwürfel darin glasig dünsten. Tomaten in der Dose mit einem scharfen Messer etwas zerkleinern und mit dem Saft hinzugeben. Die Zutaten zum Kochen bringen. Die Tomatensauce von der Kochstelle nehmen.

2. Frische Chilischoten längs aufschneiden, entkernen und die Scheidewände herausschneiden. Schote abspülen, trocken tupfen und in Streifen schneiden. Die Tomatensauce mit Chili, Salz, Pfeffer, Zucker, Oregano und Thymian würzen.

3. Den Backofen vorheizen.
Ober-/Unterhitze: etwa 200 °C
Heißluft: etwa 180 °C

4. Tomaten abspülen, abtrocknen und die Stängelansätze herausschneiden. Tomaten in Scheiben schneiden. Zucchini abspülen, abtrocknen und die Enden abschneiden. Zucchini der Länge nach in Scheiben schneiden. Sellerie putzen, schälen, abspülen und abtropfen lassen. Sellerie in kleine Würfel schneiden. Den Pecorino-Käse reiben und zum Bestreuen beiseitestellen.

5. Die Tomatenscheiben auf dem Boden von 2 flachen großen Auflaufformen (leicht gefettet) verteilen. Die Hälfte der Tomatensauce daraufgeben und mit 1 Schicht Lasagneplatten belegen. Dann Zucchinischeiben und Selleriewürfel darauf verteilen. Wieder mit Lasagneplatten belegen. Die Bohnen mit dem Saft daraufgeben und mit Lasagneplatten belegen. Die Paprika mit dem Saft darauf verteilen und mit Pesto bestreichen. Mit den restlichen Lasagneplatten bedecken und die restliche Sauce darauf verstreichen. Den Mozzarella in Scheiben schneiden und darauf verteilen. Die Lasagne mit Pecorino und Pul Biber bestreuen.

6. Die Auflaufformen nacheinander (bei Heißluft zusammen) auf dem Rost in den vorgeheizten Backofen schieben. Die Lasagne **etwa 50 Minuten je Auflaufform garen.**

Zutaten:

4–5 Zwiebeln (etwa 250 g)
4–8 Knoblauchzehen
6 EL Speiseöl, z. B. Olivenöl
1 Dose geschälte Tomaten (Einwaage 800 g)
3–6 frische oder getrocknete rote Chilischoten
2 gestr. TL Salz
frisch gemahlener Pfeffer
2 EL Zucker
2 TL gerebelter Oregano
1 TL gerebelter Thymian
800 g Tomaten
400 g Zucchini
400 g Knollensellerie
180 g Pecorino-Käse
etwa 1 kg Lasagneplatten ohne Vorgaren
2 Dosen Kidney-Bohnen (Abtropfgewicht je 400 g)
2 Gläser Tomatenpaprika in Streifen (Abtropfgewicht je 300 g)
380 g Pesto alla Calabrese
600 g Mozzarella-Käse
1 TL Pul Biber (getrocknete, geschrotete Pfefferschoten)

Pro Portion:
E: 42 g, F: 38 g, Kh: 105 g,
kJ: 3906, kcal: 933, BE: 8,5

7. Die Lasagne aus dem Backofen nehmen, 5–10 Minuten ruhen lassen und servieren.

Tipps:

Pul Biber gibt es in türkischen Lebensmittel-Läden. Ersatzweise können Sie auch etwas Tabasco-Sauce verwenden.
Wer es weniger scharf mag, nimmt die kleinere Menge an Knoblauch und Chilischoten.

Scharfe Lasagne

Dauert etwa 80 Minuten, ohne Ruhezeit.
Backzeit: etwa 50 Minuten je Form,
für 10 Personen.

Vegetarisch – dauert länger

Zutaten:

Für den Hefeteig:
350 g Weizenmehl (Type 550)
1 Pck. Dr. Oetker Trockenbackhefe
1 Prise Salz
3 EL Olivenöl
250 ml (¼ l) lauwarmes Wasser

Für den Belag:
2 mittelgroße Zwiebeln
150 g gewürfelter durchwachsener Speck
250 g Speisequark (20 % Fett)
150 g saure Sahne
1 TL Zucker
½ gestr. TL Salz
frisch gemahlener Pfeffer
frisch geriebene Muskatnuss

evtl. etwas glatte Petersilie

Pro Portion:
E: 9 g, F: 10 g, Kh: 27 g,
kJ: 1000, kcal: 239, BE: 2,0

Flammkuchen vom Blech
Ein echter Klassiker

Dauert etwa 35 Minuten, ohne Teiggehzeit.
Backzeit: etwa 20 Minuten,
für 10–12 Personen.

Zubereitung:

1. Für den Teig Mehl mit Hefe in einer Rührschüssel sorgfältig vermischen. Salz, Olivenöl und Wasser hinzufügen. Die Zutaten mit Handrührgerät mit Knethaken zunächst kurz auf niedrigster, dann auf höchster Stufe in etwa 5 Minuten zu einem glatten Teig verarbeiten. Den Teig leicht mit Mehl bestäuben und zugedeckt so lange an einem warmen Ort gehen lassen, bis er sich sichtbar vergrößert hat.

2. In der Zwischenzeit für den Belag Zwiebeln abziehen, zuerst in dünne Scheiben schneiden, dann in Ringe teilen. Die Speckwürfel in einer großen Pfanne ohne Fett bei mittlerer Hitze kurz erhitzen. Zwiebelringe hinzugeben und etwa 1 Minute unter mehrmaligem Wenden erhitzen. Die Speck-Zwiebel-Masse auf einen Teller geben. Den Quark in einer Rührschüssel mit der sauren Sahne verrühren, mit Zucker, Salz, Pfeffer und Muskat würzen.

3. Den gegangenen Teig leicht mit Mehl bestäuben, aus der Schüssel nehmen und auf einer bemehlten Arbeitsfläche nochmals kurz durchkneten. Den Teig auf ein Backblech (30 x 40 cm, gefettet) geben und mit bemehlten Händen gleichmäßig darauf verteilen. Die Quarkmasse daraufgeben und verstreichen. Zuletzt die Speck-Zwiebel-Masse darauf verteilen. Den Teig nochmals zugedeckt etwa 15 Minuten an einem warmen Ort gehen lassen.

4. In der Zwischenzeit den Backofen vorheizen.
Ober-/Unterhitze: etwa 200 °C
Heißluft: etwa 180 °C

5. Das Backblech in den vorgeheizten Backofen schieben. Den Flammkuchen **etwa 20 Minuten backen.**

6. Das Backblech auf einen Kuchenrost stellen. Den Flammkuchen in 12 Rechtecke schneiden. Nach Belieben Petersilie abspülen und trocken tupfen. Die Blättchen von den Stängeln zupfen. Blättchen grob hacken. Den Flammkuchen damit bestreuen und warm servieren.

So geht es noch schneller:

Statt selbst gemachten Hefeteig 1 Packung Pizzateig (400 g, aus dem Kühlregal) verwenden.

Oder mal vegetarisch:

Für einen **Flammkuchen mit Frühlingszwiebeln** die Speckwürfel durch 1 Bund Frühlingszwiebeln (etwa 200 g) ersetzen. Frühlingszwiebeln putzen, abspülen, abtropfen lassen und in feine Ringe schneiden. Mit den „normalen" Zwiebelringen kurz in einer großen Pfanne in 1 Esslöffel Sonnenblumenöl wie in Punkt 2 beschrieben andünsten. Anschließend weiter nach Rezept vorgehen.

Fladenbrot-Pizza

Dauert etwa 20 Minuten.
Backzeit: etwa 20 Minuten je Backblech,
für 8 Personen (2 Fladenbrote).

Gut belegt, gut drauf

Zubereitung:

1. Den Backofen vorheizen.
Ober-/Unterhitze: etwa 200 °C
Heißluft: etwa 180 °C

2. Die Fladenbrote auf 2 Backbleche (mit Back-papier belegt) legen. Tomaten abspülen, abtrocknen, halbieren und die Stängelansätze herausschneiden. Anschließend die Tomaten in dünne Scheiben schneiden. Die Frühlingszwiebeln putzen, abspülen, abtropfen lassen und in dünne Ringe schneiden.

3. Den Schafkäse abtropfen lassen und fein würfeln. Die Oliven in Stücke schneiden und mit den Käse-würfeln vermischen.

4. Das Mett gleichmäßig dünn auf den Fladenbroten verstreichen. Den Zaziki in Klecksen darauf vertei-len. Tomatenscheiben und Frühlingszwiebelringe daraufgeben und mit Oregano bestreuen.

5. Die Oliven-Käse-Mischung zuletzt auf die Pizzen streuen. Die Backbleche nacheinander (bei Heißluft zusammen) in den vorgeheizten Backofen schieben und die Fladenbrot-Pizzen **etwa 20 Minuten je Backblech backen.**

6. Zum Servieren die Fladenbrot-Pizzen nach Be-lieben mit Kräuterblättchen bestreuen und in Stücke schneiden.

Zutaten:

2 Fladenbrote
8 Tomaten
2 Bund Frühlingszwiebeln
400 g Schafkäse
100 g schwarze Oliven (ohne Stein)
500 g Thüringer Mett (gewürztes
Schweinegehacktes)
200 g Zaziki (aus dem Kühlregal)
etwas gerebelter Oregano
evtl. einige Kräuterblättchen zum
Garnieren

Pro Portion:
E: 31 g, F: 31 g, Kh: 67 g,
kJ: 2805, kcal: 670, BE: 5,0

Dazu passen:

Blattsalat, Gurkensalat oder eingelegte Kürbisstücke.

Variante:

Für eine **Fladenbrot-Pizza mit Hähnchenstreifen** statt des Thüringer Metts 500 g Hähnchenbrustfilet unter fließendem kalten Wasser abspülen und trocken tupfen. Hähnchenbrust in dünne Streifen schneiden und unter Rühren portionsweise in 4 Esslöffeln er-hitztem Olivenöl anbraten. Hähnchenstreifen mit Salz, Pfeffer und Paprikapulver edelsüß würzen, abkühlen lassen und statt des Metts auf die Fladenbrote ver-teilen. Die Fladenbrote wie im Rezept beschrieben mit den übrigen Zutaten belegen und backen.

Hackfleischpizza

Dauert etwa 50 Minuten.
Backzeit: 45–55 Minuten,
für 8–10 Personen.

Zubereitung:

1. Den Backofen vorheizen.
Ober-/Unterhitze: etwa 200 °C
Heißluft: etwa 180 °C

2. Brötchen in kaltem Wasser einweichen. Zwiebeln und Knoblauch abziehen, halbieren und fein würfeln. Schafkäse in Würfel schneiden oder zerbröseln. Zucchini abspülen, abtrocknen und die Enden abschneiden. Möhren putzen, schälen, abspülen und abtropfen lassen. Zucchini und Möhren grob raspeln.

3. Hackfleisch in eine große Schüssel geben. Die Brötchen gut ausdrücken. Zwiebel-, Knoblauch- und Schafkäsewürfel sowie Eier und Zucchini- und Möhrenraspel zufügen und mit dem Hackfleisch gut vermengen. Die Hackfleischmasse mit Salz, Pfeffer und Oregano würzen.

4. Champignons in einem Sieb abtropfen lassen. Die Hackmasse in einer Fettpfanne (gefettet) verstreichen. Zigeunersauce darauf verstreichen und mit Champignonscheiben belegen. Die Fettpfanne in den vorgeheizten Backofen schieben. Die Pizza **etwa 25 Minuten backen.**

5. Inzwischen Tomaten abspülen, abtrocknen, halbieren und die Stängelansätze herausschneiden. Tomaten in Scheiben schneiden. Von den Paprikaschoten die Stielansätze keilförmig herausschneiden. Kerne und weiße Scheidewände herauskratzen. Schoten abspülen, abtropfen lassen und in Ringe schneiden. Mozzarella abtropfen lassen und in Scheiben schneiden.

6. Tomatenscheiben und Paprikaringe auf der Pizza verteilen, mit Salz, Pfeffer und Oregano bestreuen. Mozzarella-Scheiben in die Paprikaringe legen, Pizza-Käse in die Zwischenräume streuen. Die Fettpfanne wieder in den Backofen schieben. Die Pizza bei gleicher Backofeneinstellung **weitere 20–30 Minuten backen.**

Tipps:

Statt Zucchini und Möhren schmecken auch Paprikawürfel, Mais oder nur Schafkäsewürfel im Hackfleischteig.
Wer keine Fettpfanne hat, nimmt ein Backblech und verstärkt die Ränder mit gefalteter Alufolie. So läuft nichts über.

Darf auf keiner Party fehlen

Zutaten:

2 Brötchen (vom Vortag)
3 Zwiebeln
2 Knoblauchzehen
300 g Schafkäse
1 große Zucchini (etwa 300 g)
2 mittelgroße Möhren (etwa 200 g)
1½ kg gemischtes Hackfleisch
(halb Rind-, halb Schweinefleisch)
2 Eier (Größe M)
Salz
frisch gemahlener Pfeffer
1 EL gerebelter Oregano
2 Gläser Champignons in Scheiben
(Abtropfgewicht je 200 g)
2 Flaschen Zigeunersauce (je 250 ml)
3 Fleischtomaten
2 rote Paprikaschoten
250 g Mozzarella-Käse
1 EL gerebelter Oregano
100 g geriebener Pizza-Käse

Pro Portion:
E: 52 g, F: 45 g, Kh: 27 g,
kJ: 3002, kcal: 716, BE: 1,5

Zutaten:

1 kg Hähnchenbrustfilet
3 EL Speiseöl, z. B. Olivenöl
Salz
frisch gemahlener Pfeffer
2 Dosen Gemüsemais
(Abtropfgewicht je 285 g)
1 Glas Peperoni (Abtropfgewicht 135 g)
2 Pck. Pizzateig (aus dem Kühlregal,
je 400 g) mit Tomatensauce (je 200 g)
500 ml (½ l) Hot Chili Sauce
etwa 340 g geriebener Pizza-Käse

Pro Portion:
E: 52 g, F: 24 g, Kh: 72 g,
kJ: 3036, kcal: 724, BE: 6,0

Zubereitung:

1. Für den Belag Hähnchenbrustfilet unter fließendem kalten Wasser abspülen, trocken tupfen und in Würfel schneiden. Öl portionsweise in einer großen Pfanne erhitzen. Die Hähnchenwürfel darin portionsweise unter Wenden bei mittlerer bis großer Hitze kräftig anbraten, mit Salz und Pfeffer würzen und herausnehmen.

2. Inzwischen Mais und Peperoni getrennt in Sieben gut abtropfen lassen.

3. Den Backofen vorheizen.
Ober-/Unterhitze: etwa 220 °C
Heißluft: etwa 200 °C

4. Die Pizzateige auf zwei Backblechen (je 30 x 40 cm, gefettet, mit Backpapier belegt) ausrollen.

5. Die Tomatensaucen (aus der Packung) mit der Chili Sauce in einer Schüssel mischen. Je die Hälfte der Sauce auf je einen Teig streichen. Hähnchenfleisch, Mais und Peperoni darauf verteilen und mit dem Käse bestreuen. Die Backbleche nacheinander (bei Heißluft zusammen) in den vorgeheizten Backofen schieben. Die Pizza nach Packungsanleitung **10–12 Minuten je Backblech backen.**

Hot-Chicken-Pizza

Dauert etwa 30 Minuten.
Backzeit: 10–12 Minuten je Backblech,
für 2 Backbleche (8 Stücke).

Schmeckt auch:

Für eine **Gyros-Pizza** folgenden Belag nehmen: 2–3 Esslöffel Olivenöl portionsweise in einer großen Pfanne erhitzen. 600 g Gyrosfleisch (fertig mariniert) portionsweise darin anbraten. 1 Dose passierte Tomaten (Einwaage 400 g) mit der fertigen Tomatensauce (400 g) aus den Pizzateig-Packungen verrühren. Die Teige mit der Tomatensauce bestreichen. Gyros und abgetropfte milde Peperoni (Abtropfgewicht 135 g) darauf verteilen und mit 300 g geriebenem Gouda-Käse bestreuen. Die Backbleche nacheinander (bei Heißluft zusammen) in den vorgeheizten Backofen schieben. Die Pizza nach Packungsanleitung backen. 4–5 Stängel Petersilie abspülen, trocken tupfen und die Blättchen von den Stängeln zupfen. Blättchen fein hacken und die Pizzen damit frisch bestreuen.

Richtig lecker

Brötchen-Snack
Heiß geliebt

Dauert etwa 15 Minuten.
Backzeit: etwa 12 Minuten,
12 Stück.

Zubereitung:

1. Den Backofen vorheizen.
Ober-/Unterhitze: 200 °C
Heißluft: 180 °C

2. Tomaten abspülen, abtrocknen, halbieren und Stängelansätze heraus-schneiden. Anschließend die Tomaten in kleine Würfel schneiden, in ein Sieb geben und abtropfen lassen. Tomatenwürfel mit Knoblauch-Kräu-ter- oder Pizza-Gewürz-Mischung und Olivenöl vermischen, mit Salz und Pfeffer würzen.

3. Die Kochschinken-Scheiben übereinanderlegen und in 4 breite Streifen schneiden. Mozzarella abtropfen lassen und in feine Scheiben schneiden.

4. Die Brötchen auf einem Backblech (mit Backpapier belegt) vertei-len. Die Brötchen waagerecht der Länge nach je zweimal ein-, aber nicht durchschneiden. Die Einschnitte vorsichtig auseinanderdrü-cken. Tomatenwürfel und Schinkenstreifen darin verteilen, Moz-zarella-Scheiben darauflegen. Das Backblech in den vorgeheizten Backofen schieben. Die Brötchen nach Packungsanleitung **etwa 12 Minuten backen.**

5. Die Brötchen sofort vom Backblech nehmen und servieren.

Zutaten:

4 Fleischtomaten (etwa 500 g)
2 EL TK-Knoblauch-Kräuter-Mischung
oder 1 TL Pizza-Gewürz-Mischung
2 EL Olivenöl
Salz
frisch gemahlener Pfeffer
6 Scheiben Kochschinken
500 g Mozzarella-Käse
12 kleine Aufbackbrötchen (je 50–70 g,
aus dem Brotregal)

Pro Stück:
E: 18 g, F: 12 g, Kh: 32 g,
kJ: 1307, kcal: 312, BE: 2,5

Tipps:

Frisch und warm aus dem Backofen schmecken die Brötchen-Snacks am besten.
Ist der Brötchen-Snack zum Sattessen gedacht, sollten pro Person 2–3 Brötchen eingeplant werden.

Noch ein Tipp:

Statt Mozzarella-Käse etwa 500 g fertig geriebenen Pizza- oder Gouda-Käse nehmen.

Zubereitung:

1. Paprikahälften in einem Sieb gut abtropfen lassen und zusätzlich mit Küchenpapier trocken tupfen. Knoblauch abziehen und sehr fein würfeln.

2. Tomaten abspülen, abtrocknen, halbieren und die Stängelansätze herausschneiden. Die Tomaten würfeln. Paprikahälften nach Belieben längs in feine Streifen schneiden. Die Petersilie abspülen, trocken tupfen, die Blättchen von den Stängeln zupfen und grob hacken.

3. Den Schafkäse fein zerbröseln und in eine Schüssel geben. Petersilie und Zitronenschale untermischen. Mit Pfeffer und nach Belieben mit Kreuzkümmel würzen.

4. Die Yufkateigblätter auf einer Arbeitsfläche ausbreiten und dünn mit Speiseöl bestreichen. Jeweils 2 Teigblätter übereinanderlegen. Mit einem scharfen Messer in Viertel schneiden. Die vorbereiteten Gemüsezutaten und die Käse-Petersilien-Mischung auf den runden Seiten der einzelnen Teigstücke verteilen, dabei die Ränder jeweils frei lassen. Die Seiten etwas einklappen. Die Teigdreiecke je zur Spitze hin aufrollen. Die Ränder leicht andrücken.

5. Speiseöl in einer großen tiefen Pfanne erhitzen. Die Teigrollen portionsweise schwimmend in dem siedenden Speiseöl etwa 2 Minuten von allen Seiten knusprig braun braten. Die Yufkarollen mit einem Schaumlöffel herausnehmen, auf Küchenpapier legen und abtropfen lassen.

Tipp:

Yufkateigblätter gibt es in türkischen Lebensmittel-Läden (evtl. auch schon in Dreiecke geschnitten aus dem Frischeregal).

Oder so:

Ganz schnell geht es, wenn man einfach fertige, mit Schafkäse gefüllte Pfefferschoten (gibt es im Glas oder in der Feinkosttheke) in den Teig einrollt. Diese werden nur noch schwimmend in erhitztem Speiseöl knusprig braun gebraten und schon sind sie fertig.

Zutaten:

1 Glas geröstete Paprikahälften (Abtropfgewicht 450 g)
2 Knoblauchzehen
2 kleine Tomaten (etwa 100 g)
½ Bund glatte Petersilie
200 g Schafkäse
½ TL fein geriebene Zitronenschale von 1 Bio-Zitrone (unbehandelt, ungewachst)
frisch gemahlener Pfeffer
evtl. etwas gemahlener Kreuzkümmel (Cumin)
12 große, runde Yufkateigblätter (Ø 20–30 cm)
etwa 250 ml (¼ l) Speiseöl, z. B. Sonnenblumenöl

Pro Stück:
E: 22 g, F: 34, Kh: 96 g,
kJ: 3311, kcal: 791, BE: 8,0

Yufkarollen mit Gemüse-Feta-Füllung

Orientalisch

Dauert etwa 20 Minuten, ohne Garzeit, 24 Stück.

Zutaten:

Für die Hackfleischfüllung:
2 EL Olivenöl
400 g Rinderhackfleisch
½ rote Paprikaschote
1 Knoblauchzehe (fein gehackt)
1 Zwiebel (fein gehackt)
1 EL Tomatenmark
Salz
frisch gemahlener Pfeffer
Chilipulver
1 EL frisch gehackter Koriander
(oder ½ TL getrockneter Koriander)

Für die Hähnchenfüllung:
300 g Hähnchenbrustfilet
1 rote Chilischote
3 EL Olivenöl
Paprikapulver edelsüß
1 EL Weizenmehl

Außerdem:
300 g Soft-Tacos (Tortillafladen,
Ø 17–18 cm, 8 Stück)
200 ml milde Tacosauce
2 kleine Tomaten
14–16 Schnittlauchhalme
100 g frisch geriebener Gouda-Käse
250 g Kräuter Crème fraîche

Pro Portion:
E: 20 g, F: 30 g, Kh: 28 g,
kJ: 1799, kcal: 430, BE: 2,0

Dauert etwa 55 Minuten.
Backzeit: etwa 20 Minuten,
für 12 Personen.

Taco-Torte
Party-Hit für Mexiko-Fans

Zubereitung:

1. Für die Hackfleischfüllung Öl in einer Pfanne erhitzen. Hackfleisch darin unter Rühren anbraten. Dabei die Fleischklümpchen mit einer Gabel zerdrücken. Die Paprikahälfte entstielen, entkernen und die weißen Scheidewände entfernen. Schote abspülen und abtropfen lassen.

2. Paprika klein würfeln und mit Knoblauch und Zwiebel zu dem Gehackten geben. Etwa 5 Minuten unter Rühren anbraten. Tomatenmark unterrühren. Mit Salz, Pfeffer und Chili würzen. Koriander unterrühren. Die Hackfleischmasse auf einen Teller geben.

3. Für die Hähnchenfüllung Hähnchenbrustfilet unter fließendem kalten Wasser abspülen, trocken tupfen, in feine Streifen schneiden und in eine Schüssel geben. Chilischote längs aufschneiden, entkernen und die Scheidewände herausschneiden. Schote abspülen, trocken tupfen und in feine Streifen schneiden. Chilistreifen mit 1 Esslöffel Olivenöl, Paprika, etwas Salz, Pfeffer und Mehl gut unter die Hähnchenstreifen mischen. Jeweils 1 Esslöffel des restlichen Olivenöls in einer Pfanne erhitzen. Die Hähnchenfleischmischung darin in 2 Portionen unter Rühren bei mittlerer bis großer Hitze kurz anbraten. Die Hähnchenfleischmasse auf einen Teller geben.

4. Die Tacos mit je 1 Esslöffel der Tacosauce bestreichen und halbieren. Tomaten abspülen, abtrocknen, Stängelansätze herausschneiden und in Scheiben schneiden. Den Schnittlauch abspülen und trocken tupfen.

5. Etwa 2 Esslöffel der Hackfleischmasse auf 8 Tacohälften verteilen und mit je 1 Tomatenscheibe belegen. Anschließend die Tacohälften aufrollen und mit je einem Schnittlauchhalm umwickeln.

6. Den Backofen vorheizen.
Ober-/Unterhitze: etwa 200 °C
Heißluft: etwa 180 °C

7. Die restlichen, bestrichenen Tacohälften mit je etwa 2 Esslöffeln der Hähnchenfleischmasse bestreichen, aufrollen und mit Schnittlauchhalmen umwickeln. Je 7 gefüllte Hähnchenfleisch- und Hackfleischtacos im Wechsel mit der Nahtseite nach unten kreisförmig in eine Springform (Ø 28 cm, gefettet) legen. Die restlichen Hähnchenfleisch- und Hackfleischtacos halbieren und senkrecht in die Mitte der Springform setzen. Die Tacorollen mit Käse bestreuen.

8. Die Form auf dem Rost in den vorgeheizten Backofen schieben. Die Taco-Torte **etwa 20 Minuten backen.**

9. Die warme Taco-Torte mit Crème fraîche servieren.

Dazu passt:

Bunter Salat mit Avocado. Dafür 1 kleinen Kopf Eisbergsalat vierteln, in schmale Streifen schneiden, abspülen und trocken schleudern. 2½ rote Paprikaschoten halbieren, entstielen, entkernen und die weißen Scheidewände entfernen. Schoten abspülen, abtropfen lassen und in schmale Streifen schneiden. 1 Bund Frühlingszwiebeln putzen, abspülen, abtropfen lassen und in dünne Scheiben schneiden. 3 Tomaten abspülen, abtrocknen und die Stängelansätze herausschneiden. Tomaten in Scheiben schneiden. 2 Avocados längs durchschneiden, jeweils den Kern herauslösen. Avocados schälen, in dünne Scheiben schneiden. Die vorbereiteten Salatzutaten in einer großen Schüssel mischen. Für das Dressing 1–2 Esslöffel Weißweinessig mit Salz, Pfeffer und 1 Prise Zucker verrühren, 3 Esslöffel Olivenöl unterschlagen. Salatzutaten mit Dressing mischen.

Zwiebelkuchen-Häppchen

Einfach gut

Dauert etwa 15 Minuten.
Backzeit: etwa 15 Minuten,
etwa 20 Stück.

Zubereitung:

1. Den Backofen vorheizen.
Ober-/Unterhitze: etwa 220 °C
Heißluft: etwa 200 °C

2. Den Pizzateig mit dem Backpapier auf die Arbeitsfläche legen und in etwa 20 gleich große Rechtecke (etwa 5 x 9 cm) schneiden. Die Teigplatten vom Backpapier vorsichtig auf ein Backblech (mit Backpapier belegt) legen.

3. Das Zwiebelsuppenpulver mit Schmand verrühren und auf die Teigplatten streichen.

4. Den Schafkäse in Würfel schneiden oder mit einer Gabel zerdrücken und auf der Schmandmasse verteilen. Das Backblech in den vorgeheizten Backofen schieben. Die Zwiebelkuchen-Häppchen **etwa 15 Minuten backen.**

5. Die Zwiebelkuchen-Häppchen direkt aus dem Backofen oder kalt servieren.

Tipps:

Besonders dekorativ sind runde Häppchen. Dafür mit einem Glas (Ø etwa 7 cm) runde Platten ausstechen. Die Teigreste wieder zusammenkneten, nochmals ausrollen und weitere Platten ausstechen. Anschließend die Teigplatten wie im Rezept beschrieben weiterverarbeiten.
Statt Schafkäse etwa 75 g geriebenen Käse (zum Beispiel Gouda) nehmen und auf der Schmandmasse verteilen.
Für noch mehr Gäste 2 oder 3 Pizzateige mit verschiedenen Belägen vorbereiten. Die Backbleche nacheinander (bei Heißluft zusammen) in den vorgeheizten Backofen schieben und backen.

Oder zweimal anders:

Für **Paprika-Häppchen** statt der Zwiebelsuppe 1 Glas Tomatenpaprika in Streifen (Abtropfgewicht 165 g) nehmen. Paprika gut abtropfen lassen und mit 1 gehäuften Esslöffel Paprikamark und dem Schmand verrühren. Die Paprikamasse mit Salz und Pfeffer würzen und auf die Teigplatten streichen. Den Schafkäse oder anderen geriebenen Käse darüber verteilen und wie im Rezept angegeben backen.

Für **Häppchen mit Pesto** statt der Zwiebelsuppe 90–100 g Pesto alla Genovese mit dem Schmand verrühren und auf die Teigplatten streichen. Schafkäse darüber verteilen und wie im Rezept angegeben backen.

Zutaten:

500 g Cantuccini (ital. Mandelgebäck)
125 ml (⅛ l) starker Kaffee (Espresso oder Mocca)
5 Dosen Mandarinen-Orangen (Abtropfgewicht je 175 g)
125 ml (⅛ l) Cointreau (Orangenlikör)
40 g Puderzucker
500 g Vollmilch-Joghurt
500 g Vanille-Joghurt
500 g Schlagsahne

etwas Kakaopulver zum Bestäuben

Pro Portion:
E: 9 g, F: 22 g, Kh: 60 g,
kJ: 2124, kcal: 506, BE: 5,0

Fruchtiges Tiramisu

Darf nicht fehlen – mit Alkohol

Dauert etwa 50 Minuten, ohne Durchziehzeit, für 12 Personen.

Zubereitung:

1. Die Cantuccini in eine große, flache Auflaufform legen und mit dem kalten Kaffee tränken.

2. Die Mandarinen-Orangen in einem Sieb gut abtropfen lassen. Das Obst anschließend auf den Cantuccini verteilen, mit Cointreau beträufeln und mit Puderzucker bestäuben. Die Mandarinen-Orangen zudecken und im Kühlschrank 1–2 Stunden durchziehen lassen.

3. Beide Joghurtsorten in einer Schüssel miteinander verrühren. Die Sahne steif schlagen und unterheben. Die Joghurt-Sahne auf den Früchten verteilen. Das Tiramisu zugedeckt in den Kühlschrank stellen und 3–4 Stunden durchziehen lassen.

4. Vor dem Servieren das fruchtige Tiramisu mit etwas Kakaopulver bestäuben.

Tipps:

Steht das Tiramisu länger auf einem Buffet, zusätzlich 2 Päckchen Dr. Oetker Sahnesteif unter die Sahne rühren.

Statt Cantuccini eignen sich Löffelbiskuit oder Amarettini (ital. Mandelmakronen).

Statt Mandarinen-Orangen aus der Dose 8–10 frische Orangen verwenden. Diese so schälen, dass die weiße Haut mit entfernt wird. Dann die Filets mit einem scharfen Messer herausschneiden.

Variante:

Tiramisu klassisch: 1 kg Mascarpone (ital. Frischkäse) mit 300 ml Milch, 150 g Zucker, 2 Päckchen Dr. Oetker Bourbon-Vanille-Zucker und 40 ml Amaretto (Mandellikör) in einer Schüssel glatt rühren. Weitere 40 ml Amaretto mit 500 ml (½ l) kaltem Espresso verrühren. Von etwa 400 g Löffelbiskuits die Hälfte in eine flache Auflaufform legen, mit der Hälfte der Espresso-Amaretto-Mischung beträufeln und mit der Hälfte der Mascarponemasse bedecken. Die restlichen Zutaten in gleicher Reihenfolge darauf schichten. Tiramisu zugedeckt in den Kühlschrank stellen. Vor dem Servieren dick mit 3–4 Esslöffeln Kakaopulver bestäuben.

Ganz einfach

Österreichische Topfencreme mit Beeren

Dauert etwa 10 Minuten, ohne Auftauzeit, für 10 Personen (ergibt 10 Gläser).

Zubereitung:

1. Die Beeren nach Packungsanleitung nebeneinander auf einen Teller legen und auftauen lassen.

2. In einer Schüssel Sahne-Pudding mit Quark und Puderzucker glattrühren.

3. Die Topfencreme abwechselnd mit den aufgetauten Beeren (bis auf 1 Esslöffel Beeren zum Garnieren) in 10 hohe Portionsgläser (Longdrinkgläser) schichten. Die oberste Quarkschicht mit den beiseitegelegten Beeren und nach Belieben mit Melisseblättchen garnieren.

Tipp:

Je nach Zimmertemperatur kann das Auftauen der Beeren bis zu 3 Stunden dauern! Beeren deshalb frühzeitig aus dem Tiefkühler nehmen. Statt TK-Beeren im Frühjahr/Sommer die gleiche Menge frische Erdbeeren verwenden. Im Sommer und Spätsommer möglichst frische Beeren wie Brombeeren, Himbeeren und Johannisbeeren für das Rezept verwenden.

Variante:

Für **Schokoladentopfencreme mit Birnen** (10 Personen) in einer Schüssel 1000 g Sahne-Pudding Vanille-Geschmack (aus dem Kühlregal) mit 1000 g Speisequark (20 % Fett), 5 Esslöffeln Puderzucker und 6 Esslöffeln löslichem Kakaopulver glatt rühren. 10–20 Birnenhälften (je nach Größe, aus der Dose) in 10 Schälchen geben. Schokoladentopfencreme darauf verteilen und einige Zeit kalt stellen. Nach Belieben mit geraspelter Schokolade, je 1 Kugel Vanilleeis oder etwas geschlagener Sahne servieren.

Zutaten:

1500 g TK-Gemischte Beeren, z.B. Brombeeren, Himbeeren, Johannisbeeren
1000 g Sahne-Pudding Vanille-Geschmack (aus dem Kühlregal)
1000 g Speisequark (Topfen, 20 % Fett)
5 EL Puderzucker

Nach Belieben
etwa 10 Melisseblättchen

Pro Portion:
E: 25 g, F: 23 g, Kh: 61 g,
kJ: 2460, kcal: 587, BE: 5,0

Tipp:
Löslichen Kakao (für Trinkschokolade, heiß oder kalt) nicht mit Kakaopulver verwechseln. Löslicher Kakao löst sich ganz leicht im Quark auf.

Statt vieler Gläser oder Dessertschalen den Nachtisch in eine große Glasschüssel einfüllen.

Florentiner Türmchen

Dauert etwa 30 Minuten, für 8–10 Personen.

Zutaten:

400–500 g Himbeeren
7–9 EL Puderzucker
375 g Mascarpone
(italienischer Frischkäse)
7–8 EL Maracujanektar
(aus der Flasche)
48–60 Mini-Florentiner
(entspricht etwa 4 Packungen je 100 g)

Außerdem:
Puderzucker zum Bestäuben

Pro Portion:
E: 7 g, F: 35 g, Kh: 36 g,
kJ: 2026, kcal: 485, BE: 3,0

Zubereitung:

1. Himbeeren verlesen, nicht waschen. Die Hälfte der Himbeeren in einen hohen Rührbecher geben und pürieren. Die pürierte Masse durch ein feines Sieb streichen, um die Kerne zu entfernen. Himbeermark mit 3 Esslöffeln Puderzucker verrühren. Nach Belieben noch etwas Puderzucker unterrühren. Restliche Himbeeren zum Garnieren beiseitestellen.

2. Mascarpone in eine Schüssel geben und mit Handrührgerät mit Rührbesen kurz aufschlagen. Maracujanektar und 4 Esslöffel Puderzucker hinzugeben und kurz verrühren. Nach Belieben die Mascarponecreme mit Puderzucker abschmecken.

3. Jeweils 2 Mini-Florentiner mit etwas Mascarponecreme zusammensetzen. Pro Portion 3 Florentiner-Türmchen auf die Teller setzen. Himbeerpüree und restliche Himbeeren auf den Tellern verteilen und mit etwas Puderzucker bestäuben.

Tipp:

Sollte das Himbeermark oder die Mascarponecreme für Ihren Geschmack zu süß schmecken, etwas frisch gepressten Zitronensaft zugeben und unterrühren. Himbeeren gibt es bei uns im Sommer zu ernten. Importe sind fast ganzjährig bei uns im Handel zu finden. Statt frischer Himbeeren können Sie genauso gut TK-Himbeeren verwenden. Himbeeren nach Packungsanleitung nebeneinander auftauen lassen.

Freiluftfutter

Der Sommer ist da – da bleibt doch keiner freiwillig in der Lernwabe hocken!
Ist auch gar nicht nötig, wenn man weiß, wie man es sich draußen gut gehen
lassen kann. Picknick und Grillen sind angesagt!
Aber immer nur die Würstchen aus dem Supermarkt? Da fällt dem schlauen
Studenten doch was Besseres ein!

Lecker selbst mariniertes Fleisch, dazu ein schneller Salat, ein paar Kleinigkeiten
für nebenher und schon ist für Abwechslung gesorgt. Jeder bringt was Anderes
mit und die Party auf der Decke im nächsten Park kann losgehen.

Tipps:

Durch Kurkuma (Gelbwurz) werden die Zwiebeln beim Kochen gelb. Man kann stattdessen auch 1 Teelöffel Currypulver nehmen (die färbende Komponente darin ist auch Kurkuma) oder es ganz weglassen. Anstelle der kleinen Zwiebeln gehen auch Frühlingszwiebeln. Dafür 2 Bund davon putzen, abspülen und in insgesamt 32 Stücke schneiden. Die Stücke mit dem Fleisch aufspießen.
Dazu schmeckt fertig gekauftes Mango-Chutney.

With a little curcuma Hähnchen-Zwiebel-Spieße

Dauert etwa 50 Minuten, ohne Marinierzeit
Grillzeit: etwa 15 Minuten
8 Stück

Zubereitung:

1. Zum Vorbereiten Zwiebeln abziehen. Zwiebeln evtl. mit Kurkuma in kochendem Salzwasser etwa 20 Minuten kochen lassen, bis sie weich sind. Zwiebeln abkühlen lassen.

2. Hähnchenbrustfilets unter fließendem kalten Wasser abspülen, trocken tupfen und in etwa 2 ½ cm große Würfel schneiden.

3. Für die Marinade Honig mit Sojasauce, Orangensaft, Curry und Öl verrühren.

4. Abwechselnd Hähnchenbrustfiletwürfel und Zwiebeln auf die Spieße stecken. Die Spieße in eine flache Schale legen und vollständig mit der Marinade bestreichen. Die Spieße mit Frischhaltefolie zugedeckt mindestens 1 Stunde durchziehen lassen.

5. Die Spieße abtropfen lassen und in die Grillschale legen. Die Grillschale auf den heißen Grill stellen. Die Spieße unter mehrmaligem Wenden etwa 15 Minuten grillen. Während des Grillens die Spieße immer wieder mit der restlichen abgetropften Marinade bestreichen.

Zutaten:

Zum Vorbereiten:
32 kleine Zwiebeln (je 20–30 g)
evtl. 1 EL Kurkuma
Salzwasser

4 Hähnchenbrustfilets
(je etwa 160 g)

Für die Marinade:
2 EL flüssiger Honig
2 EL Sojasauce
2 EL Orangensaft
etwas Currypulver
2 EL Speiseöl, z. B. Sonnenblumenöl

Außerdem:
8 Holz- oder Metallspieße
Alu-Grillschale

Pro Stück:
E: 20 g, F: 4 g, Kh: 9 g,
kJ: 641, kcal: 154, BE: 0,5

Zutaten:

4 Hähnchenbrustfilets
(je etwa 160 g)
etwa 400 g Brokkoli
Salzwasser
2 gelbe Paprikaschoten

Für die Marinade:
2 EL Speiseöl, z. B. Rapsöl
2 EL Sojasauce
1 TL Chilipulver
etwas Zitronensaft
evtl. etwas gemahlener Ingwer

Außerdem:
8–10 Holz- oder Metallspieße
Alu-Grillschale oder -folie

Pro Stück:
E: 18 g, F: 3 g, Kh: 3 g,
kJ: 475, kcal: 113, BE: 0,2

Gar nicht spießig

Bunte Hähnchenspieße

Dauert etwa 50 Minuten
Grillzeit: 12–15 Minuten
8–10 Stück

Zubereitung:

1. Hähnchenbrustfilets unter fließendem kalten Wasser abspülen, trocken tupfen und in etwa 2 ½ cm große Würfel schneiden.

2. Die Blätter vom Brokkoli entfernen. Brokkoli in Röschen teilen, waschen und abtropfen lassen. Brokkoliröschen in kochendem Salzwasser etwa 5 Minuten kochen, in ein Sieb geben, mit kaltem Wasser übergießen und abtropfen lassen.

3. Paprikaschoten halbieren, entstielen, entkernen und die weißen Scheidewände entfernen. Schotenhälften abspülen, abtropfen lassen und in Stücke schneiden. Paprikastücke in kochendem Salzwasser 3–5 Minuten garen, in ein Sieb geben, mit kaltem Wasser übergießen und abtropfen lassen.

4. Abwechselnd Hähnchenbrustfiletstücke, Brokkoliröschen und Paprikastücke auf Holz- oder Metallspieße stecken.

5. Für die Marinade Speiseöl mit Sojasauce, Chilipulver, Zitronensaft und Ingwer verrühren. Die Spieße damit bestreichen und in eine Grillschale oder auf ein Stück Alufolie legen.

6. Die Spieße in der Grillschale oder auf der Alufolie auf dem heißen Grill unter mehrmaligem Wenden 12–15 Minuten grillen.

Tipps:

Noch intensiver wird der Marinadegeschmack, wenn man die Spieße 10–15 Minuten mit der Marinade ziehen lässt, bevor sie auf den Grill kommen.
Statt Brokkoli können bissfest gekochte Kohlrabi- oder Möhrenstücke verwendet werden.

Jetzt geht's um die Wurst Bunte Würstchenspieße

Dauert etwa 45 Minuten
Grillzeit: etwa 10 Minuten
10 Stück

Zutaten:

je 1 rote, gelbe und grüne
Paprikaschote (je etwa 200 g)
40 Nürnberger Würstchen
(Rostbratwürstchen)
5 EL Speiseöl, z. B. Sonnenblumenöl

Außerdem:
20 Holz- oder Metallspieße
(2 pro Würstchenspieß)

Pro Stück:
E: 18 g, F: 24 g, Kh: 2 g,
kJ: 1219, kcal: 291, BE: 0,2

Zubereitung:

1. Paprikaschoten halbieren, entstielen, entkernen und die weißen Scheidewände entfernen. Die Schoten abspülen, abtropfen lassen und jede Hälfte in etwa 8 gleich große Spalten schneiden.

2. Auf 2 Spieße gleichzeitig (dann lassen sie sich später besser wenden) abwechselnd 4 Würstchen und 4–5 verschiedene Paprikaspalten aufreihen. Die Spieße von beiden Seiten mit dem Öl bestreichen.

3. Die Spieße auf den heißen Grill legen und etwa 10 Minuten grillen, dabei ab und zu wenden.

Tipps:

Anstelle der Nürnberger Würstchen können auch Cocktailwürstchen verwendet werden.
Dazu passt Barbecue-Sauce oder süße Chilisauce.
Oder einfach Senf.

Kartoffel-Zwiebel-Spieße

Dauert 30 Minuten, ohne Abkühlzeit
Grillzeit: etwa 8 Minuten
8 Stück

Kostet fast nix

Zubereitung:

1. Die Kartoffeln waschen, evtl. abbürsten. Kartoffeln mit Schale in einem Topf mit Wasser zum Kochen bringen und zugedeckt etwa 10 Minuten kochen, dann abgießen. Kartoffeln abkühlen lassen und in grobe Stücke schneiden.

2. Den Speck quer halbieren und aufrollen. Die Frühlingszwiebeln putzen, abspülen und abtropfen lassen. Das Frühlingszwiebelgrün bis auf etwa 15 cm abschneiden. Frühlingszwiebeln in je 4 Stücke schneiden und anschließend Kartoffelstücke, Speckröllchen und Frühlingszwiebeln abwechselnd auf die Spieße stecken.

3. Vorbereitete Spieße mit Öl bestreichen und auf den heißen Grillrost legen. Unter Wenden die Spieße etwa 8 Minuten grillen, zwischendurch mit Öl bestreichen. Kurz vor Ende der Grillzeit das restliche Öl mit Rosmarin, Salz und Kümmelsamen verrühren und die Spieße damit bestreichen.

Tipps:

Dazu passt Zaziki (Seite 125) oder ein Frischkäse-Dip.
Vegetarier lassen den Speck einfach weg oder nehmen Stücke von einer roten Paprikaschote.

Zutaten:

800 g kleine festkochende
Kartoffeln (etwa 24 Stück)
150 g durchwachsener Speck
in dünnen Scheiben (Bacon)
4 Frühlingszwiebeln
6 EL Olivenöl
1 TL gerebelter Rosmarin
½ TL Salz
evtl. 1 TL Kümmelsamen

Außerdem:
8 Holzspieße

Pro Stück:
E: 5 g, F: 9 g, KH: 14 g,
kJ: 665, kcal: 159, BE: 1,0

Für echtes Barbecue-Feeling
Spareribs

Dauert etwa 35 Minuten, ohne Marinierzeit
Grillzeit: etwa 30 Minuten
4–6 Portionen

Zubereitung:

1. Für die Marinade Mango-Chutney mit der Currypaste und dem Speiseöl verrühren, dabei evtl. große Fruchtstücke des Mango-Chutney zerkleinern.

2. Spareribs evtl. in Stücke schneiden, unter fließendem kalten Wasser abspülen, trocken tupfen und in eine flache Form oder Schale legen. Spareribs dick mit der Marinade bestreichen und zugedeckt einige Stunden im Kühlschrank marinieren.

3. Spareribs etwas abtropfen lassen, auf den heißen Grill legen und unter mehrmaligem Wenden nicht zu dicht an der Grillkohle etwa 30 Minuten grillen.

4. Evtl. zum Garnieren Rosmarin abspülen, trocken tupfen und in kleinere Stücke zupfen. Spareribs mit dem Rosmarin garnieren.

Tipps:

Da die Spareribs ziemlich lange grillen, am besten eine Alu-Gillschale verwenden, damit sie nicht verbrennen. Lecker für Spareribs ist auch die Honig-Ketchup-Marinade von Seite 122.

Beilage:

Fladenbrot.

Zutaten:

Für die Marinade:
100 g Mango-Chutney
75 g Currypaste
(im Asialaden erhältlich)
8 EL Speiseöl, z. B. Sonnenblumenöl

2 kg Spareribs, ungewürzt
(Schälrippchen)

Evtl. zum Garnieren:
einige Rosmarinstängel

Pro Portion:
E: 36 g, F: 33 g, Kh: 10 g,
kJ: 1984, kcal: 473, BE: 1,0

Echt abgenagt
Gegrillte Maiskolben

Dauert etwa 20 Minuten, ohne Kühlzeit
Grillzeit: 20–30 Minuten
4 Stück

Zubereitung:

1. Maiskolben von den Blättern befreien, abspülen und trocken tupfen.

2. Maiskolben üppig mit Kräuterbutter einstreichen. Anschließend die Kolben in zwei Lagen Alufolie einwickeln. Die Folie gut festdrücken.

3. Kolben auf den heißen Grill legen und je nach Größe und Grillhitze 20–30 Minuten grillen, dabei die Kolben ab und zu umdrehen.

Tipps:

Schneller geht das Grillen, wenn die Maiskolben etwa 10 Minuten in Salzwasser vorgegart wurden, bevor sie mit Kräuterbutter bestrichen und in Alufolie verpackt werden.
Die Maiskolben passen gut zu Grillfleisch. Für Vegetarier sind sie eine leckere Salatbeilage.

Zutaten:

4 Maiskolben
etwa 75 g weiche Kräuterbutter

Pro Stück:
E: 3 g, F: 13 g, Kh: 12 g,
kJ: 714, kcal: 173, BE: 1,0

Dürfen nicht fehlen
Backkartoffeln

Dauert etwa 30 Minuten, ohne Kühlzeit
Grillzeit: etwa 15 Minuten
4 Stück

Zubereitung:

1. Kartoffeln gründlich waschen, evtl. abbürsten und mit Schale in einen Topf geben. Kartoffeln mit Wasser bedeckt und mit Deckel zum Kochen bringen, dann salzen und etwa 20 Minuten vorgaren.

2. Kartoffeln abgießen und etwas abkühlen lassen. Anschließend die Kartoffeln mit Öl bepinseln, evtl. nochmals mit etwas Salz bestreuen und in 2–3 Lagen Alufolie einschlagen. Alufolie gut festdrücken.

Zutaten:

4 große festkochende oder vorwiegend festkochende Kartoffeln (je etwa 200 g)
Salz
Speiseöl, z. B. Olivenöl

Pro Stück:
E: 4 g, F: 5 g, Kh: 30 g,
kJ: 780, kcal: 1860, BE: 2,5

3. Kartoffeln am Rand des Grills in die heiße Grillkohle legen und etwa 15 Minuten garen lassen, dabei die Kartoffeln ab und zu umdrehen.

4. Die Kartoffeln in der Alufolie einmal senkrecht einschneiden und etwas auseinanderklappen.

Tipp:

Die Backkartoffeln schmecken am besten mit Kräuterquark oder Zaziki (Seite 125).

Schafkäse-Tomaten-Pfännchen

Vegetarisch

Dauert etwa 35 Minuten
Grillzeit: 10–15 Minuten
4 Portionen

Zubereitung:

1. Die Tomaten abspülen, abtrocknen, halbieren und die Stängelansätze herausschneiden, Tomatenhälften in Scheiben schneiden. Den Schafkäse ebenfalls in Scheiben schneiden. Petersilie abspülen, abtropfen lassen, von den Stängeln zupfen und klein schneiden.

2. Aus doppelt gefalteter Alufolie 4 rechteckige Formen falten (etwa 8 x 12 cm) und mit Öl auspinseln.

3. Käse, Tomaten und zerkleinerte Petersilie dachziegelartig einschichten und mit Pfeffer und Kräuter-Gewürzsalz bestreuen. Die Alupfännchen 10–12 Minuten auf den heißen Grillrost legen.

4. Pfännchen mit dem restlichen Öl beträufeln.

Tipp:

Wer mag, kann die Pfännchen zum Schluss mit geriebener Zitronenschale bestreuen.

Mal anders:

Zucchini-Käse-Pfännchen: 4 kleine Zucchini putzen, abspülen und abtrocknen. Enden abschneiden. Die Zucchini längs bis kurz vor dem Ende dreimal einschneiden. In jeden Zucchinieinschnitt 1 längs halbierte Scheibe Raclette-Käse (6 Scheiben) stecken. Die Zucchini mit Salz und Pfeffer würzen. Die Alupfännchen mit 1–2 Esslöffeln Öl bestreichen, die Zucchinifächer darauflegen, auf den heißen Grill legen und etwa 15 Minuten garen. Anschließend die Pfännchen mit Paprikapulver bestreuen und servieren.

Zutaten:

4 große Tomaten
200 g Schafkäse
½ Bund glatte Petersilie
6 EL Olivenöl
gemahlener weißer Pfeffer
Kräuter-Gewürzsalz

Außerdem:
Alufolie

Pro Portion:
E: 10 g, F: 25 g, Kh: 3 g,
kJ: 1125, kcal: 268, BE: 0,2

Honig-Ketchup-Marinade

Passt zu: Spareribs, Hähnchenschenkeln und -flügeln
(davon isst man viele – 4–5 pro Person rechnen)

Zutaten:

4–5 EL flüssiger Honig
1 EL brauner Zucker
1–2 EL Gewürz-Ketchup
1 EL Essig
½ TL Salz
½ TL mittelscharfer Senf

Asiatische Frucht-Marinade

Im Bild unten links

Zutaten:

50 ml Ananassaft
30–50 g Currypaste
(nicht unscharf!)
4 EL Speiseöl, z. B. Rapsöl

Passt zu: Hähnchenbrustfilets,
Putenbrustfilets oder -schnitzeln,
Schweinefilets

Einfache Soja-Marinade

Im Bild oben

Passt zu: Hähnchenbrustfilets, Hähnchenflügeln (davon isst man viele – 4–5 pro Person rechnen), Putenbrustfilets oder -schnitzeln

Curry-Marinade

Im Bild rechts

Passt zu: Putenbrustfilets oder -schnitzeln, Hähnchenbrustfilets, Hähnchenflügeln (davon isst man viele – 4–5 pro Person rechnen), Schweinesteaks (Minutensteaks)

Echt scharf
Barbecue-Sauce
(BBQ-Sauce)

Dauert etwa 20 Minuten, ohne Durchziehzeit
6–8 Portionen

Zutaten:

150 ml starker Kaffee
(Espresso oder Mokka)
1 Zwiebel
1 kleines Bund krause Petersilie
oder 25 g TK-Petersilie
½ TL Sambal Oelek
500 ml (½ l) Tomatenketchup

Insgesamt:
E: 12 g, F: 2 g, Kh: 124 g,
kJ: 2415, kcal: 577, BE: 10,0

Zubereitung:

1. Kaffee erkalten lassen. Zwiebel abziehen, halbieren und in kleine Würfel schneiden.

2. Petersilie abspülen und trocken tupfen. Die Blättchen von den Stängeln zupfen und anschließend fein hacken.

3. Kaffee in eine Schüssel gießen. Zwiebelwürfel, Petersilie, Sambal Oelek und Ketchup hinzufügen. Die Zutaten gut verrühren.

4. Die Sauce in vorbereitete Gläser oder Flaschen füllen, fest verschließen und in den Kühlschrank stellen. Sauce etwa 1 Tag durchziehen lassen.

Tipps:

Die Sauce sollte bei keinem Barbecue fehlen. Sie schmeckt besonders gut zu gegrilltem Fleisch und eignet sich auch zum Bestreichen von gegrillten Spareribs.
Die Sauce ist im Kühlschrank 3–4 Wochen haltbar.

Zaziki

Dauert etwa 15 Minuten, ohne Durchziehzeit

Ohne geht ja gar nicht

Zubereitung:

1. Gurke schälen und die Enden abschneiden. Gurke längs halbieren, das Kerngehäuse mit einem Löffel entfernen und die Gurke fein raspeln. Den Knoblauch abziehen und durch eine Knoblauchpresse drücken oder sehr fein hacken.

2. Joghurt glatt rühren und mit Gurke und Knoblauch vermengen.

3. Zaziki in den Kühlschrank stellen und gut durchziehen lassen, anschließend mit Salz und Pfeffer abschmecken und servieren.

Zutaten:

150 g Salatgurke
2 Knoblauchzehen
300 g Joghurt
Salz
gemahlener Pfeffer

Insgesamt:
E: 11 g, F: 12 g, Kh: 15 g,
kJ: 904, kcal: 217, BE: 1,0

Tipps:

Schmeckt zu fast allem – zu Fladenbrot, Backkartoffeln, Salat, Gemüsesticks, Spießen oder Grillfleisch. Lässt sich gut am Vortag vorbereiten.

Zubereitung:

1. Linsen mit Gemüsebrühe aufkochen lassen. Die Linsen zugedeckt bei schwacher Hitze etwa 10 Minuten garen.

2. Die Limette heiß abwaschen und trocken reiben. Die Limettenschale auf der Haushaltsreibe fein abreiben. Die Limette auspressen.

3. Öl und die geriebene Limettenschale zu den Linsen geben. Die Linsen in der Brühe pürieren. Das Püree mit Salz, Cayennepfeffer, Honig und etwas Limettensaft würzen und abkühlen lassen.

Danach linst jeder
Dauert etwa 15 Minuten, ohne Abkühlzeit
Rote-Linsen-Dip

4. Koriander abspülen, trocken schütteln, die Blätter abzupfen und in feine Streifen schneiden.

5. Die geschnittenen Korianderblätter und den Joghurt unter den abgekühlten Linsen-Dip rühren. Den Dip mit Salz, Cayennepfeffer und Limettensaft abschmecken.

Echt orientalisch
Kichererbsenmus (Hummus)
Dauert 10–15 Minuten

Zubereitung:

1. Kichererbsen in einen Sieb abtropfen lassen, den Sud dabei auffangen.

2. Kichererbsen in einen hohen Rührbecher geben. Tahini, Öl, Zitronensaft, abgezogenen Knoblauch und Kreuzkümmel dazugeben.

3. Gut die Hälfte des aufgefangenen Kichererbsensuds dazugießen und alles mit dem Pürierstab fein pürieren. Ist die Masse noch zu fest, nach und nach mehr Sud dazugießen, bis eine cremig-feine Masse entstanden ist.

4. Das Mus mit wenig Salz und Pfeffer abschmecken und am besten auf einem flachen Teller wellenförmig ausstreichen, damit man es mit Brot aufnehmen kann. Öl darübersprenkeln.

Zutaten:

1 Dose Kichererbsen (Abtropfgewicht 400 g)
Kichererbsensud aus der Dose
3 EL Tahini (Sesampaste)
3 EL Olivenöl
3 EL Zitronensaft
1–2 Knoblauchzehen
1 TL Kreuzkümmel (Cumin)
Salz
gemahlener Pfeffer
1 EL Olivenöl

Insgesamt:
E: 43 g, F: 87 g, Kh: 88 g,
kJ: 5502, kcal: 1316, BE: 7,5

Zutaten:

200 g rote Linsen
400 ml Gemüsebrühe
1 Bio-Limette
(unbehandelt, ungewachst)
2 EL Keimöl
Salz
Cayennepfeffer
1–2 TL flüssiger Honig
5 Stängel Koriander
1 EL Joghurt

Insgesamt:
E: 54 g, F: 24 g, Kh: 128 g,
kJ: 3997, kcal: 955, BE: 10,5

Tipps:

Den Dip mit rohen Gemüsestreifen z. B. von Möhren, Staudensellerie und roten und gelben Paprikaschoten servieren.
Koriander kann durch glatte Petersilie oder Basilikum ersetzt werden.
Der Dip schmeckt auch gut als Brotaufstrich. Er kann 1–2 Tage vorher zubereitet werden und gut verschlossen im Kühlschrank aufbewahrt werden.
Einen milden Nussgeschmack bekommt der Dip, wenn man zusätzlich 50 g fein gehackte geröstete und gesalzene Cashewkerne unterrührt.

Das mag jeder

Tomaten-Mozzarella-Baguette

Dauert etwa 15 Minuten
4 Stück

Zutaten:

4 Baguettebrötchen
8 EL Olivenöl
4 Salatblätter
4 Fleischtomaten
250 g Mozzarella-Käse
1 Topf Basilikum
Salz
gemahlener Pfeffer

Pro Stück:
E: 19 g, F: 34 g, Kh: 36 g,
kJ: 2183, kcal: 521, BE: 2,5

Zubereitung:

1. Brötchen waagerecht durchschneiden und mit dem Olivenöl beträufeln. Salatblätter abspülen und trocken tupfen. Die unteren Hälften mit je einem Salatblatt belegen.

2. Fleischtomaten abspülen, trocken tupfen und die Stängelansätze herausschneiden. Tomaten in Scheiben schneiden. Mozzarella abtropfen lassen und ebenfalls in Scheiben schneiden.

3. Tomaten- und Mozzarellascheiben dachziegelartig auf den Salat legen. Basilikum abspülen und trocken tupfen. Die Blättchen von den Stängeln zupfen. Blättchen in Streifen schneiden und auf dem Tomaten-Mozzarella-Belag verteilen.

4. Alles mit Salz und Pfeffer würzen und mit dem restlichen Olivenöl beträufeln. Die oberen Brötchenhälften darauflegen.

Tipp:

Basilikum gibt's auch in der Tiefkühltruhe.

Dauert etwa 30 Minuten
4 Stück

Fit-Brötchen
mit Hamburger

Zubereitung:

1. Zwiebel abziehen, halbieren und in feine Würfel schneiden. Zwiebelwürfel mit Hackfleisch, Ei, Haferflocken und Semmelbröseln in eine Schüssel geben. Zutaten mit Salz, Pfeffer und Senf würzen und zu einem glatten Teig verkneten.

2. Den Hackfleischteig in 4 Portionen teilen und daraus mit leicht angefeuchteten Händen flache, glatte Burger formen.

3. Öl in einer großen Pfanne auf mittlerer Stufe erhitzen. Die Burger darin bei mittlerer Stufe etwa 4 Minuten braten. Dann die Burger wenden und weitere etwa 3 Minuten bei niedrigster Stufe fertig braten. Die Burger aus der Pfanne nehmen und etwas abkühlen lassen.

4. Inzwischen die Tomate abspülen, trocken tupfen und die Stängelansätze herausschneiden. Tomate in 8 dünne Scheiben schneiden. Salatblätter abspülen und mit Küchenpapier trocken tupfen.

5. Die Brötchen waagerecht aufschneiden. Obere Brötchenhälften jeweils mit 1 Teelöffel Salatcreme bestreichen. Den Ketchup auf die Brötchenunterhälften streichen.

6. Den Salat auf den Brötchenunterhälften verteilen und je einen Burger darauflegen. Tomaten- und Gurkenscheiben darauflegen und mit den oberen Brötchenhälften belegen.

Zutaten:

1 kleine Zwiebel
300 g gemischtes Hackfleisch
(halb Rind-, halb Schweinefleisch)
1 Ei (Größe M)
2 EL zarte Haferflocken
1 EL Semmelbrösel
1 gestr. TL Salz
gemahlener Pfeffer
1 TL mittelscharfer Senf

1 EL Speiseöl, z. B. Rapsöl

1 große Fleischtomate
4 Blätter Eisbergsalat
4 Hafer-Vollkorn-Baguettebrötchen
4 TL Joghurt-Salatcreme
4 TL Tomatenketchup
8 dünne Scheiben Salatgurke

Pro Stück:
E: 23 g, F: 22 g, Kh: 42 g,
kJ: 1923, kcal: 459, BE: 3,5

Backwahn

Zum Studieren braucht man Abitur – zum Backen nicht, denn diese Rezepte kriegt jede(r) gebacken. Mit wenigen Zutaten und in kurzer Zeit lassen sich ohne großen Aufwand süße und auch herzhafte Überraschungen backen, die garantiert immer für Stimmung sorgen.
Jetzt steht Leckeres auf dem Studienplan: Fanta Schnitten, Schoko-Chili-Muffins und Partybrötchen mit Frischkäse machen Spaß beim Zubereiten und Vernaschen.
Die Backwahn-Rezepte sind einfach und gut erklärt und dabei super-lecker. Damit kann man schnelle Partyhits zaubern und auch die Mutti beeindrucken.
Aber Vorsicht: Backen macht süchtig!

133

Fanta Schnitten mit Pfirsichschmand*

Für die Party

Zubereitungszeit:
30 Minuten, ohne Abkühlzeit
Backzeit: etwa 25 Minuten
20 Stück

Zubereitung:

1. Ein Backblech (30 x 40 cm) fetten. Den Backofen vorheizen.
Ober-/Unterhitze: etwa 180 °C
Heißluft: etwa 160 °C

2. Für den Teig Eier, Zucker und Vanillin-Zucker in eine Rührschüssel geben und mit Handrührgerät mit Rührbesen auf höchster Stufe schaumig schlagen. Öl und Limonade unterrühren.

3. Mehl mit Backpulver mischen und unterrühren. Den Teig auf das Backblech geben und verstreichen. Das Backblech auf mittlerer Einschubleiste in den vorgeheizten Backofen schieben und den Boden **etwa 25 Minuten backen.**

4. Den Kuchen auf dem Backblech auf einen Kuchenrost stellen und erkalten lassen.

5. Für den Belag Pfirsiche in einem Sieb abtropfen lassen und in kleine Stücke schneiden. Sahne mit Sahnesteif und Vanillin-Zucker steif schlagen.

6. Schmand mit Vanillin-Zucker verrühren. Pfirsichstücke unter den Schmand heben und die Sahne locker unterheben. Die Masse gleichmäßig auf dem Kuchen verteilen und verstreichen.

7. Zucker mit Zimt mischen und die Creme damit bestreuen. Kuchen bis zum Servieren kalt stellen.

Tipps:

Einen Teil der Pfirsiche in Spalten schneiden und auf den Kuchen legen. Anstelle der Pfirsiche 4 Dosen Mandarinen (Aptropfgewicht je 175 g) verwenden.
Der Schmand kann auch durch Crème fraîche ersetzt werden.

Variante:

Für **schnelle Fanta Schnitten mit Guss** den Teig wie beschrieben, aber zusätzlich mit 1 Päckchen Finesse Orangenschalen-Aroma zubereiten und backen. Gebäckboden erkalten lassen. Für den Guss 250 g Puderzucker mit 3–4 Esslöffeln Fanta Orange nach und nach verrühren, auf dem abgekühlten Kuchen verteilen und verstreichen. Wer es bunt mag, streut zusätzlich 25 g gehackte Pistazienkerne oder Raspelschokolade auf den feuchten Guss.

*Rezept nicht durch Coca-Cola autorisiert.

Zutaten:

Für den Teig:
4 Eier (Größe M)
250 g Zucker
1 Pck. Dr. Oetker Vanillin-Zucker
125 ml (⅛ l) Speiseöl,
z. B. Sonnenblumenöl
150 ml Fanta Orange (Limonade)
250 g Weizenmehl
3 gestr. TL Dr. Oetker Backin

Für den Belag:
2 Dosen Pfirsichhälften
(Abtropfgewicht je 480 g)
600 g Schlagsahne
3 Pck. Dr. Oetker Sahnesteif
3 Pck. Dr. Oetker Vanillin-Zucker
500 g Schmand (Sauerrahm)
2 Pck. Dr. Oetker Vanillin-Zucker

Zum Bestreuen:
2 EL Zucker
1 gestr. TL gemahlener Zimt

Pro Stück:
E: 4 g, F: 23 g, Kh: 38 g,
kJ: 1595, kcal: 381, BE: 3,0

Fress-mich-dumm-Kuchen

Zubereitungszeit: 35 Minuten
Backzeit: 15–20 Minuten
20 Stück

Zutaten:

Für den Knetteig:
250 g Weizenmehl
3 gestr. TL Dr. Oetker Backin
100 g Zucker
1 Prise Salz
3 Tropfen Bittermandel-Aroma
(aus dem klassischen Röhrchen)
1 Ei (Größe M)
150 g Butter oder Margarine

Für die Creme:
½ Pck. Dr. Oetker Pudding-Pulver
Vanille-Geschmack
50 g Zucker
250 ml (¼ l) Milch
125 g Butter
25 g Kokosfett (z. B. Palmin)

Für den Belag:
125 g Butter
250 g grob gehackte Walnusskerne
100 g Zucker
50 g Zartbitter-Kuvertüre oder
-Schokolade

Pro Stück:
E: 4 g, F: 28 g, Kh: 26 g,
kJ: 1543, kcal: 369, BE: 2,0

Zubereitung:

1. Ein Backblech fetten. Den Backofen vorheizen.
Ober-/Unterhitze: etwa 200 °C
Heißluft: etwa 180 °C

2. Für den Teig Mehl mit Backpulver in einer Rührschüssel mischen. Zucker, Salz, Aroma, Ei und Butter oder Margarine hinzufügen. Die Zutaten mit Handrührgerät mit Knethaken zunächst kurz auf niedrigster, dann auf höchster Stufe gut durcharbeiten.

3. Anschließend den Teig auf der leicht bemehlten Arbeitsfläche kurz zu einer Rolle verkneten. Den Teig auf dem Backblech etwa ½ cm dick zu einer Platte (30 x 30 cm) ausrollen und mehrmals mit einer Gabel einstechen. Das Backblech auf mittlerer Einschubleiste in den vorgeheizten Backofen schieben und den Boden **15–20 Minuten backen.**

4. Den Boden anschließend auf dem Backblech auf einem Kuchenrost erkalten lassen.

5. Für die Creme inzwischen aus Pudding-Pulver, Zucker und Milch nach Packungsanleitung einen Pudding zubereiten und unter gelegentlichem Rühren abkühlen lassen (nicht kalt stellen).

6. Butter mit Kokosfett zerlassen und etwas abkühlen lassen. Dann das flüssige Fett zu dem Pudding geben, gut verrühren und die Creme gleichmäßig auf dem erkalteten Boden verstreichen.

7. Für den Belag Butter in einer Pfanne zerlassen und Walnusskerne und Zucker darin rösten. Die Mischung noch warm auf der Creme verteilen. Kuvertüre oder Schokolade in kleine Stücke hacken, in einem kleinen Topf im Wasserbad bei schwacher Hitze unter Rühren schmelzen und mit einem kleinen Löffel über den Kuchen sprenkeln.

Tipps:

Der Kuchen schmeckt richtig gut, wenn er einen Tag zugedeckt durchziehen durfte.
Der Kuchen ist auch lecker mit Gala Karamell-Pudding-Pulver, dann anstelle von Walnusskernen gehackte Mandeln verwenden.

Schnelle Nussecken
Immer wieder gut

Zubereitungszeit: 25 Minuten
Backzeit: 20–25 Minuten
24 Stück

Zutaten:

Für den All-in-Teig:
200 g Weizenmehl
1 gestr. TL Dr. Oetker Backin
50 g gemahlene Haselnusskerne
100 g Zucker
1 Prise Salz
1 Ei (Größe M)
150 g weiche Butter oder Margarine
½ klassisches Röhrchen Bittermandel-Aroma
4 EL kaltes Wasser

Für den Belag:
200 g Aprikosenkonfitüre
1 Pck. Dr. Oetker Vanillin-Zucker
2 EL Schlagsahne
200 g gehobelte Haselnusskerne

Pro Stück:
E: 2 g, F: 12 g, Kh: 17 g,
kcal: 188, BE: 1,0

Zubereitung:

1. Ein Backblech (30 x 40 cm) fetten und mehlen. Den Backofen vorheizen.
Ober-/Unterhitze: etwa 200 °C
Heißluft: etwa 180 °C

2. Für den Teig Mehl mit Backpulver in einer Rührschüssel mischen. Gemahlene Nusskerne, Zucker, Salz, Ei, Butter oder Margarine, Aroma und Wasser hinzufügen. Die Zutaten mit Handrührgerät mit Rührbesen kurz auf niedrigster, dann auf höchster Stufe in 2 Minuten zu einem glatten Teig verarbeiten.

3. Den Teig auf dem Backblech verteilen und verstreichen. Das Backblech auf mittlerer Einschubleiste in den vorgeheizten Backofen schieben und den Teig **etwa 10 Minuten vorbacken.**

4. Währenddessen Konfitüre in einem Topf aufkochen lassen und von der Kochstelle nehmen. Vanillin-Zucker, Sahne und gehobelte Nusskerne unterrühren.

5. Das Backblech auf einen Kuchenrost stellen. Die Nussmasse sofort auf dem vorgebackenen Teig verteilen und mit einer Teigkarte oder einem Esslöffel verstreichen. Das Backblech wieder in den heißen Backofen schieben und das Gebäck in **12–15 Minuten fertig backen.**

6. Das Backblech auf einen Kuchenrost stellen und das Gebäck erkalten lassen. Dann das Gebäck in 12 Quadrate (etwa 10 x 10 cm) schneiden und die Quadrate diagonal halbieren.

Tipps:

Die fertigen Nussecken mit 50 g aufgelöster Zartbitter-Schokolade besprenkeln (Foto). Die Ecken halten sich 2–3 Wochen in gut schließenden Dosen.

Variante:

Für **Mandelecken** die Haselnusskerne durch Mandeln ersetzen. 100 g Schokolade auflösen und jeweils die beiden spitzen Ecken der Mandelecken eintauchen. Schokolade abtropfen lassen, Mandelecken auf Backpapier legen und Schokolade fest werden lassen.

Beliebt
Heidelbeer-Vanille-Muffins

Zubereitungszeit: 30 Minuten, ohne Kühlzeit
Backzeit: etwa 30 Minuten
12 Stück

Zutaten:

250 g frische oder 200 g TK-Heidelbeeren

Für den All-in-Teig:
250 g Weizenmehl
2 gestr. TL Dr. Oetker Backin
150 g Zucker
1 Pck. Dr. Oetker Bourbon-Vanille-Zucker
1 Prise Salz
2 Eier (Größe M)
250 g Dr. Oetker Vanille-Sauce
(aus dem Kühlregal)
100 ml Speiseöl, z. B. Rapsöl, Sonnenblumenöl, Maiskeimöl

Zum Bestäuben:
etwas Puderzucker

Pro Stück:
E: 4 g, F: 11 g, Kh: 34 g,
kJ: 1059, kcal: 253, BE: 3,0

Zubereitung:

1. Frische Heidelbeeren verlesen, vorsichtig waschen, gut abtropfen lassen und mit Küchen-papier trocken tupfen. Eine Muffinform für 12 Muf-fins fetten und mehlen. Den Backofen vorheizen.
Ober-/Unterhitze: etwa 180 °C
Heißluft: etwa 160 °C

2. Für den Teig Mehl mit Backpulver in einer Rührschüssel mischen. Zucker, Vanille-Zucker, Salz, Eier, Vanille-Sauce und Speiseöl hinzufügen. Die Zutaten mit Handrührgerät mit Rührbesen kurz auf niedrigster, dann auf höchster Stufe in 2 Minuten zu einem glatten Teig verarbeiten.

3. Heidelbeeren (TK-Heidelbeeren unaufgetaut) vorsichtig und kurz mit einem Teigschaber oder einem Löffel unterheben (nicht zu stark rühren, die Früchte färben sonst den Teig lila).

4. Den Teig in der Muffinform verteilen. Die Form auf mittlerer Einschubleiste auf dem Rost in den vorgeheizten Backofen schieben und die Muffins **etwa 30 Minuten backen.**

5. Die Muffins nach dem Backen etwa 5 Minuten in der Form stehen lassen, dann vorsichtig aus der Form lösen und auf einem Kuchenrost erkalten lassen. Die Muffins nach Belieben mit Puderzucker bestäuben.

Tipp:
Die Muffins schmecken auch mit frischen oder TK-Himbeeren oder Johannisbeeren.

Variante:
Für **Kirsch-Mohn-Muffins** 1 kleines Glas Sauerkirschen (Abtropfgewicht 175 g) in einem Sieb gut abtropfen lassen. Den Teig ohne Heidelbeeren zubereiten und 20 g Blaumohn (ungemahlen) unterrühren. Die Hälfte des Teiges in die vorbereitete Muffinform füllen. 12 Kirschen beiseitelegen, restliche Kirschen auf dem eingefüllten Teig verteilen. Restlichen Teig einfüllen und jeweils 1 Kirsche darauflegen. Den Teig wie im Rezept backen. Die erkalteten Muffins nach Belieben mit Puderzucker bestäuben.

Einfach lecker
Apfel-Zimt-Schnecken

Zubereitungszeit: 45 Minuten,
ohne Teiggeh- und Abkühlzeit
Backzeit: etwa 20 Minuten je Backblech
16 Stück

Zubereitung:

1. Für die Füllung Äpfel schälen, vierteln, entkernen und in kleine Würfel schneiden. Apfelwürfel mit Zucker, Zimt, Zitronensaft und Butter in einen Topf geben und bei mittlerer Hitze unter Rühren aufkochen lassen. Das Mehl auf die Apfelmasse streuen und unterrühren. Die Masse unter Rühren kräftig aufkochen lassen.

2. Die Apfelmasse von der Kochstelle nehmen und abkühlen lassen, dabei gelegentlich umrühren. Ein Backblech mit Backpapier belegen, einen weiteren Bogen Backpapier bereitlegen.

3. Für den Teig Mehl in eine Rührschüssel geben und sorgfältig mit Hefeteig Garant vermischen. Zucker, Milch und Butter oder Margarine hinzufügen. Die Zutaten mit Handrührgerät mit Knethaken zunächst kurz auf niedrigster, dann auf höchster Stufe in etwa 2 Minuten zu einem Teig verarbeiten.

4. Den Teig leicht mit Mehl bestäuben, aus der Schüssel nehmen und auf der leicht bemehlten Arbeitsfläche nochmals kurz durchkneten. Den Teig zu einem Rechteck (etwa 30 x 45 cm) ausrollen. Die Apfelmasse darauf verteilen und mit einer Teigkarte oder einem Löffel verstreichen, dabei an den langen Seiten einen 2 cm breiten Rand frei lassen.

5. Den Backofen vorheizen.
Ober-/Unterhitze: etwa 180 °C
Heißluft: etwa 160 °C

6. Den Teig von der längeren Seite aus aufrollen. Die Rolle quer halbieren und jede Hälfte in 8 Scheiben schneiden. Die Teigscheiben mit Abstand auf dem vorbereiteten Backblech und dem Backpapierbogen verteilen und 5 Minuten stehen lassen.

7. Die Teigscheiben mithilfe eines Backpinsels mit Sahne bestreichen und mit Zimt-Zucker bestreuen. Das Backblech auf mittlerer Einschubleiste in den vorgeheizten Backofen schieben und die Schnecken **etwa 20 Minuten backen.**

8. Die Apfelschnecken mit dem Backpapier auf einen Kuchenrost ziehen. Den zweiten Bogen mit den Schnecken auf das Backblech ziehen und wie die ersten Schnecken backen. Schnecken erkalten lassen.

Tipps:

Die Schnecken schmecken frisch am besten. Bei zwei vorhandenen Backblechen und einem Heißluftofen können beide Portionen Schnecken zusammen gebacken werden.

Variante:

Für **Marzipanschnecken** für die Füllung 200 g Marzipan-Rohmasse in sehr kleine Würfel schneiden und mit 100 g weicher Butter oder Margarine mit Handrührgerät mit Rührbesen schaumig rühren. 1 Ei (Größe M) unterrühren. Den Hefeteig wie im Rezept beschrieben zubereiten. Statt der Apfelfüllung die Marzipanfüllung aufstreichen. 100 g gehackte Mandeln oder Haselnusskerne und 100 g Rosinen aufstreuen und einrollen. Die Teigrolle ebenso in Scheiben schneiden und vor dem Backen mit Sahne bestreichen (sie müssen nicht mit Zimt-Zucker bestreut werden). Die noch warmen Marzipanschnecken mit einem Guss aus 100 g Puderzucker und 2–3 Esslöffeln Zitronensaft bestreichen.

Zutaten:

Für die Füllung:
400 g Äpfel
50 g Zucker
½ TL gemahlener Zimt
1 EL Zitronensaft
40 g Butter
1 leicht geh. EL Weizenmehl

Für den Hefeteig:
375 g Weizenmehl
1 Pck. Dr. Oetker Hefeteig Garant
50 g Zucker
170 ml Milch
100 g weiche Butter oder Margarine

Zum Bestreichen und Bestreuen:
2 EL Schlagsahne
1 EL Zimt-Zucker (½ TL gemahlener Zimt, 1 EL Zucker)

Pro Stück
E: 3 g, F: 8 g, Kh: 28 g,
kJ: 865, kcal: 207, BE: 2,5

Schoko-Chili-Muffins
Ganz schön scharf

Zubereitungszeit: 30 Minuten, ohne Abkühlzeit
Backzeit: etwa 25 Minuten
12 Stück

Zubereitung:

1. Zum Vorbereiten Chilis längs halbieren, entstielen, entkernen und die weißen Scheidewände entfernen. Chilis abspülen, trocken tupfen und sehr fein würfeln. 1 Teelöffel Chiliwürfel beiseitelegen.

2. Eine Muffinform für 12 Muffins mit Papierbackförmchen auslegen. Den Backofen vorheizen.
Ober-/Unterhitze: etwa 180 °C
Heißluft: etwa 160 °C

3. Für den Teig Butter oder Margarine mit Handrührgerät mit Rührbesen auf höchster Stufe geschmeidig rühren. Zucker nach und nach hinzugeben. So lange rühren, bis eine gebundene Masse entstanden ist. Eier nach und nach unterrühren (jedes Ei etwa ½ Minute).

4. Mehl mit Kakao und Backpulver mischen und in 2 Portionen auf mittlerer Stufe unterrühren. Tabasco und Chiliwürfel hinzufügen und mit der Raspelschokolade unterheben.

5. Den Teig in der Muffinform verteilen und glatt streichen. Die Form auf mittlerer Einschubleiste auf dem Rost in den vorgeheizten Backofen schieben und die Muffins **etwa 25 Minuten backen.**

6. Die Muffins etwa 5 Minuten in der Form stehen lassen, dann vorsichtig aus der Form lösen und auf einem Kuchenrost erkalten lassen.

7. Für den Guss Schokolade in kleine Stücke brechen und mit Speiseöl in einem kleinen Topf im Wasserbad bei schwacher Hitze schmelzen. Die Muffins damit verzieren und mit den beiseitegelegten Chiliwürfeln bestreuen. Guss fest werden lassen.

Tipps:

Wer es weniger scharf mag, verwendet nur eine Chilischote.
Wer keine Papierbackförmchen hat, kann die Muffinform einfach fetten und mehlen.

Zutaten:

Zum Vorbereiten:
2 rote Chilischoten

Für den Rührteig:
125 g weiche Butter oder Margarine
125 g Zucker
3 Eier (Größe M)
150 g Weizenmehl
15 g Kakaopulver
1 ½ gestr. TL Dr. Oetker Backin
2 Tropfen Tabasco
100 g Raspelschokolade

Für den Guss:
50 g Zartbitter-Schokolade
1 TL Speiseöl, z. B. Sonnenblumenöl

Außerdem:
12 Papierbackförmchen

Pro Stück:
E: 4 g, F: 14 g, Kh: 26 g,
kJ: 1050, kcal: 251, BE: 2,0

Schoko-Bananen-Kuchen
Zum Mitnehmen

Zubereitungszeit: 20 Minuten
Backzeit: etwa 50 Minuten
15 Stück

Zutaten:

Für den Schüttelteig:
100 g Zartbitter-Schokolade
125 g Butter
2 feste Bananen
250 g Weizenmehl
2 gestr. TL Dr. Oetker Backin
130 g Zucker
1 Pck. Dr. Oetker Vanillin-Zucker
3 Eier (Größe M)
7–8 EL (75–100 ml) Bananen-Nektar

Für den Belag:
1–2 Riegel (30 g) Vollmilch-Schokolade

Pro Stück:
E: 4 g, F: 11 g, Kh: 29 g,
kJ: 990, kcal: 237, BE: 2,5

Tipp:

Wer keine verschließbare Schüssel hat, kann die Teigzutaten in einer offenen Schüssel mit einem Schneebesen in 1 Minute kräftig verrühren.

Variante:

Für **Schoko-Bananen-Muffins** den Teig mit nur einer Banane zubereiten und in eine Muffinform für 12 Muffins (gefettet und gemehlt oder mit Papierbackförmchen ausgelegt) füllen. Die Muffins etwa 25 Minuten backen. Etwa 5 Minuten nach dem Backen die Schokoladenstückchen aufstreuen und andrücken.

Zubereitung:

1. Eine Kastenform (25 x 11 cm) fetten und mehlen. Für den Teig Schokolade in Stücke brechen, mit der Butter in einen Topf geben und bei schwacher Hitze unter Rühren zerlassen. Anschließend die Masse abkühlen lassen. Bananen schälen und in feine Würfel schneiden. Den Backofen vorheizen.
Ober-/Unterhitze: etwa 180 °C
Heißluft: etwa 160 °C

2. Mehl mit Backpulver in eine verschließbare Schüssel (etwa 3 l) geben und mit Zucker und Vanillin-Zucker vermischen. Eier, Bananen-Nektar, Bananenwürfel und Butter-Schoko-Masse hinzufügen und die Schüssel mit dem Deckel fest verschließen.

3. Schüssel mehrmals kräftig schütteln (insgesamt 15–30 Sekunden), sodass alle Zutaten gut vermischt sind. Alles mit einem Schneebesen oder Rührlöffel nochmals sorgfältig durchrühren, damit trockene Zutaten vom Rand mit untergerührt werden.

4. Den Teig in die Kastenform füllen. Die Form im unteren Drittel auf dem Rost in den vorgeheizten Backofen schieben und den Kuchen **etwa 50 Minuten backen.**

5. Für den Belag Schokolade fein hacken. Den Kuchen nach dem Backen 10 Minuten in der Form stehen lassen, dann auf einen Kuchenrost stürzen und umdrehen. Schokolade auf den heißen Kuchen streuen, leicht andrücken und den Kuchen erkalten lassen.

Schnelle Käsetorte

Der Klassiker

Zubereitungszeit: 20 Minuten
Backzeit: etwa 60 Minuten
12 Stück

Zubereitung:

1. Eine Springform (Ø 26 cm) fetten und mit Semmelbröseln ausstreuen. Den Backofen vorheizen.
Ober-/Unterhitze: etwa 180 °C
Heißluft: etwa 160 °C

2. Butter mit Zucker und Vanillin-Zucker in einer großen Rührschüssel mit Handrührgerät mit Rührbesen aufschlagen, bis sich der Zucker aufgelöst hat und die Butter leicht weißlich wird. Nach und nach die Eier unterrühren (jedes Ei etwa ½ Minute).

3. Zitrone gründlich waschen und abtrocknen. Schale mit einer Küchenreibe abreiben und den Saft auspressen. Alles zusammen mit dem Quark zur Butter-Eier-Masse geben und verrühren. Pudding-Pulver mit Backpulver mischen, in die Masse geben und gut unterrühren.

4. Die Masse in die Form füllen und glatt streichen. Die Form im unteren Drittel auf dem Rost in den vorgeheizten Backofen schieben und die Torte **etwa 60 Minuten backen.**

5. Nach Beendigung der Backzeit den Backofen ausschalten und die Torte bei leicht geöffneter Ofentür darin stehen lassen – so reißt die Oberfläche kaum ein. Nach 30 Minuten die Form aus dem Backofen nehmen und die Torte in der Form auf einem Kuchenrost erkalten lassen. Anschließend Springformrand lösen und entfernen.

Zutaten:

Für die Form:
1 EL Semmelbrösel

200 g weiche Butter
250 g Zucker
1 Pck. Dr. Oetker Vanillin-Zucker
6 Eier (Größe M)
1 Bio-Zitrone (unbehandelt, ungewachst)
1 kg Magerquark
2 Pck. Dr. Oetker Pudding-Pulver
Vanille-Geschmack
1 gestr. TL Dr. Oetker Backin

Pro Stück:
E: 15 g, F: 17 g, Kh: 31 g,
kJ: 1442, kcal: 344, BE: 2,5

Tipps:

Anstelle von Saft und Schale einer Bio-Zitrone kann man auch 4 Esslöffel Zitronensaft und 1 Päckchen Finesse Geriebene Zitronenschale verwenden.
Wer es mag, kann 50 g Rosinen unter die Quarkmasse rühren.
Statt mit Semmelbröseln kann man die Form auch mit Mehl ausstreuen.
Bei älteren Backformen vor dem Einfüllen der Masse besser einen Backpapierrand in die Form legen, damit die Torte nicht nach Metall schmeckt.

Erdbeerkuppel
Ganz einfach

Zubereitungszeit: 40 Minuten,
ohne Kühlzeit
12 Stück

Zubereitung:

1. Für den Boden Löffelbiskuits in einen Gefrierbeutel geben, den Beutel verschließen, die Löffelbiskuits mit einer Teigrolle zerbröseln und in eine Schüssel geben. Butter zerlassen, zu den Bröseln geben und gut vermengen.

2. Einen geschlossenen Springformrand (Ø 26 cm) auf eine mit Tortenspitze oder Backpapier belegte Tortenplatte stellen. Die Bröselmasse gleichmäßig darin verteilen und mit einem Löffel gut andrücken. Den Boden kalt stellen.

3. Für die Füllung Erdbeeren waschen, gut abtropfen lassen, entstielen und vierteln (einige Erdbeeren zum Garnieren beiseitelegen). Löffelbiskuits mit Saft oder Likör beträufeln.

4. Frischkäse mit Joghurt, Zitronensaft und Zucker verrühren. Tortengusspulver mit Zucker mischen und mit Orangensaft in einem kleinen Topf unter Rühren aufkochen lassen. Die heiße Masse schnell mit Handrührgerät mit Rührbesen unter die Frischkäsemasse rühren.

5. Sahne mit Sahnesteif steif schlagen und unter die Frischkäsemasse heben. Ein Drittel der Creme auf dem Boden verstreichen, mit den getränkten Löffelbiskuits belegen und gut die Hälfte der Erdbeerstücke darüberstreuen. Restliche Creme leicht kuppelförmig daraufstreichen und mit den restlichen Erdbeerstücken bestreuen. Die Torte 2–3 Stunden in den Kühlschrank stellen.

6. Zum Garnieren Springformrand lösen und entfernen und evtl. Backpapier vom Bröselboden lösen und entfernen. Die Torte mit den beiseitegelegten Erdbeeren garnieren.

Tipps:

Die Torte zusätzlich kurz vor dem Servieren mit einigen grob zerbröselten Löffelbiskuits garnieren. Statt der Erdbeeren können auch Himbeeren, Heidelbeeren oder Nektarinen verwendet werden.

Zutaten:

Für den Boden:
150 g Löffelbiskuits
125 g Butter

Für die Füllung:
250 g kleine Erdbeeren
10 Löffelbiskuits (etwa 80 g)
3 EL Orangensaft oder Orangenlikör
400 g Doppelrahm-Frischkäse
300 g Joghurt
3 EL Zitronensaft
70 g Zucker
1 Pck. Tortenguss, klar
1 geh. EL Zucker
150 ml Orangensaft
250 g Schlagsahne
1 Pck. Dr. Oetker Sahnesteif

Pro Stück:
E: 7 g, F: 28 g, Kh: 30 g,
kJ: 1723, kcal: 412, BE: 2,5

Kräuter-Flammkuchen
Für Freunde

Zubereitungszeit:
20 Minuten, ohne Ruhezeit
Backzeit: 12–15 Minuten
10 Stück

Zutaten:

Für den Teig:
250 g Weizenmehl
150 ml Weizenbier
1 TL Salz
1 Msp. Zucker
1 EL Speiseöl, z. B. Olivenöl, Rapsöl

Für den Belag:
1 Bund gemischte Kräuter
(z. B. Schnittlauch, Petersilie, Kerbel,
Dill, Basilikum)
200 g Cocktailtomaten
1 Becher (150 g) Crème fraîche
Salz
frisch gemahlener Pfeffer

Pro Stück:
E: 3 g, F: 6 g, Kh: 20 g,
kJ: 634, kcal: 152, BE: 1,5

Zubereitung:

1. Ein Backblech mit Backpapier belegen. Den Backofen vorheizen.
Ober-/Unterhitze: etwa 240 °C
Heißluft: etwa 220 °C

2. Für den Teig Mehl in eine Rührschüssel geben. Übrige Zutaten hinzufügen. Die Zutaten mit Handrührgerät mit Knethaken erst kurz auf niedrigster, dann auf höchster Stufe zu einem Teig verarbeiten.

3. Den Teig auf der leicht bemehlten Arbeitsfläche dünn zu einem großen Oval (etwa in Größe des Backblechs) ausrollen. Teig auf das Backblech legen und zugedeckt etwa 10 Minuten ruhen lassen.

4. Teig mehrfach mit einer Gabel einstechen. Das Backblech im unteren Drittel in den vorgeheizten Backofen schieben und den Flammkuchen **12–15 Minuten** backen, bis die Oberfläche goldbraun und knusprig ist.

5. Für den Belag inzwischen Kräuter abspülen und trocken tupfen. Die Spitzen bzw. Blättchen von den Stängeln zupfen. Tomaten abspülen, abtrocknen, halbieren und die Stängelansätze herausschneiden. Tomaten nach Belieben in Scheiben oder Viertel schneiden.

6. Den Flammkuchen vom Backblech nehmen und noch warm zügig mit Crème fraîche bestreichen. Vorbereitete Kräuter und Tomatenhälften oder -scheiben darauf verteilen und mit Salz und Pfeffer bestreuen.

7. Flammkuchen sofort mit einem scharfen Messer in Streifen schneiden und lauwarm servieren.

Tipps:

Schneller geht's, wenn man statt der Kräuter und Crème fraîche einfach Kräuter-Crème fraîche verwendet. Zusätzlich abgezogene, halbierte Knoblauchzehen und rote Zwiebelringe auf den Flammkuchen legen. Die im Weizenbier enthaltene Hefe und die Kohlensäure bewirken das Aufgehen des Flammkuchenteiges.

Variante:

Für einen **Tunfisch-Flammkuchen** 100 g Crème fraîche mit 1–2 Esslöffeln körnigem Senf und 1 Esslöffel Schnittlauchröllchen verrühren und salzen. 1 Dose Tunfisch naturell (Abtropfgewicht 145 g) abtropfen lassen und in Stücke teilen. 100 g Gurkensalat (aus dem Glas) gut abtropfen lassen. Nacheinander die Crème-fraîche-Mischung, Gurkensalat und Tunfisch auf dem Flammkuchen verteilen und mit Schnittlauchröllchen und Pfeffer bestreuen.

Für die Party Käse-Schinken-Hörnchen

Zubereitungszeit:
30 Minuten
Backzeit:
etwa 25 Minuten
8 Stück

Zutaten:

Für den Quark-Öl-Teig:
250 g Weizenmehl
3 gestr. TL Dr. Oetker Backin
125 g Magerquark
50 ml Milch
50 ml Speiseöl,
z. B. Sonnenblumenöl
1 Eiweiß (Größe M)
½ gestr. TL Salz

Für die Füllung:
100 g gekochter Schinken
in Scheiben
100 g geriebener Gouda-Käse

Zum Bestreichen und Bestreuen:
1 Eigelb (Größe M)
1 EL Milch
grob gemahlener Pfeffer
Sesamsamen

Pro Stück:
E: 12 g, F: 8 g, Kh: 25 g,
kJ: 1106, kcal: 264, BE: 2,0

Zubereitung:

1. Für den Teig Mehl mit Backpulver in einer Rührschüssel mischen. Übrige Zutaten für den Teig hinzufügen und alles mit Handrührgerät mit Knethaken erst kurz auf niedrigster, dann auf höchster Stufe zu einem glatten Teig verarbeiten (nicht zu lange kneten, Teig klebt sonst).

2. Anschließend den Teig auf der bemehlten Arbeitsfläche zu einer Kugel formen. Die Teigkugel auf der bemehlten Arbeitsfläche zu einem Kreis (Ø etwa 35 cm) ausrollen und in 8 „Tortenstücke" schneiden.

3. Ein Backblech mit Backpapier belegen. Den Backofen vorheizen.
Ober-/Unterhitze: etwa 180 °C
Heißluft: etwa 160 °C

4. Schinken in kleine, feine Streifen scheiden und gleichmäßig auf den Teigstücken verteilen. Käse ebenfalls gleichmäßig daraufstreuen. Die Füllung leicht andrücken. Die Teigstücke von der schmalen Seite aus zu Hörnchen aufrollen und auf das Backblech legen.

5. Eigelb mit Milch verrühren, die Hörnchen damit bestreichen und mit Pfeffer und Sesam bestreuen. Das Backblech auf mittlerer Einschubleiste in den vorgeheizten Backofen schieben und die Hörnchen **etwa 25 Minuten backen.**

Tipp:

Grob gemahlener Pfeffer und Sesamsamen zum Bestreuen können ersatzlos weggelassen werden.

Variante 1:

Für **Röllchen mit Hackfüllung** die Füllung wie folgt zubereiten: ½ Stange Porree (Lauch) putzen, waschen, gut abtropfen lassen und in feine Streifen schneiden. 100 g Champignons (aus dem Glas) gut abtropfen lassen und in dünne Scheiben schneiden. Beides mit 300 g Gehacktem (halb Rind-, halb Schweinefleisch) und 1 Esslöffel Speiseöl vermengen und mit Salz und Pfeffer würzen. Den Teig wie im Rezept zubereiten, zu einem Rechteck (etwa 40 x 30 cm) ausrollen und in

12 Quadrate (je etwa 10 x 10 cm) schneiden. Die Füllung auf den Quadraten verteilen, den Teig aufrollen, mit der Naht nach unten auf ein mit Backpapier belegtes Backblech legen. 1 Eigelb mit 1 Esslöffel Milch verrühren, die Teigröllchen mit der Eigelbmilch bestreichen. Die Röllchen bei der im Rezept angegebenen Backofeneinstellung etwa 25 Minuten backen.

Variante 2:

Für **Gemüseröllchen** die Enden von 1 Zucchini (etwa 150 g) abschneiden. Zucchini abspülen, abtrocknen und fein würfeln. 1 Zwiebel abziehen, fein würfeln und in 1 Esslöffel Speiseöl glasig dünsten. Zucchiniwürfel hinzufügen, mitdünsten und mit Salz und Pfeffer würzen. 150 g Appenzeller Käse fein würfeln, mit der Zucchinimasse vermengen und die Masse abkühlen lassen. Den Teig wie im Rezept zubereiten, zu einem Rechteck (etwa 40 x 30 cm) ausrollen und in Rechtecke (etwa 15 x 10 cm) schneiden. Die Füllung auf den Rechtecken verteilen, den Teig von der kurzen Seite aus aufrollen und mit der Naht nach unten auf ein mit Backpapier belegtes Backblech legen. 1 Eigelb mit 1 Esslöffel Milch verrühren. Die Teigröllchen mit Eigelbmilch bestreichen und mit Sesamsamen bestreuen. Die Röllchen bei der im Rezept angegebenen Backofeneinstellung etwa 25 Minuten backen.

Variante 3:

Für **schnelle Käse-Schinken-Päckchen** 1 Packung ausgerollten Blätterteig (275 g, aus dem Kühlregal) in 8 Rechtecke (etwa 10 x 12 cm) schneiden. Auf eine Hälfte jedes Rechtecks eine Portion der im Rezept angegebenen Schinken-Käse-Füllung geben. Die Teigränder rundherum mit Wasser bestreichen, die zweite Teighälfte über die Füllung legen und die Teigränder rundherum andrücken. Die Päckchen auf ein mit Backpapier belegtes Backblech legen, mit der im Rezept angegebenen Eigelb-Milch-Mischung bestreichen und mit Sesam und Pfeffer bestreuen. Die Päckchen bei der im Rezept angegebenen Backofeneinstellung etwa 20 Minuten backen.

Der Klassiker
Einfaches Fladenbrot

Zubereitungszeit: 15 Minuten, ohne Ruhezeit
Backzeit: etwa 15 Minuten

Zubereitung:

1. Für den Teig Mehl mit Hefeteig Garant, Honig, Salz, Speiseöl und Wasser in eine Rührschüssel geben. Die Zutaten mit Handrührgerät mit Knethaken zunächst kurz auf niedrigster, dann auf höchster Stufe in 2 Minuten zu einem glatten Teig verarbeiten.

2. Den Teig und die Arbeitsfläche mit Mehl bestäuben. Den Teig auf der Arbeitsfläche kurz zu einer Rolle verkneten und zu einem ovalen Fladen (etwa 35 x 20 cm) ausrollen.

3. Ein Backblech mit Backpapier belegen. Den Backofen vorheizen.
Ober-/Unterhitze: etwa 220 °C
Heißluft: etwa 200 °C

4. Den Fladen auf das Backpapier legen. Fladen mit Wasser bestreichen, mit etwas Mehl bestäuben und mit einem scharfen Messer diagonal mehrfach leicht einritzen, sodass ein Rautenmuster entsteht. Den Teig zugedeckt etwa 10 Minuten ruhen lassen.

5. Das Backblech auf mittlerer Einschubleiste in den vorgeheizten Backofen schieben. Das Brot **etwa 15 Minuten backen.**

6. Anschließend das Brot auf einem Kuchenrost erkalten lassen.

Tipps:
Das Brot schmeckt frisch am besten.
Ideale Beilage auf Partys.

Variante 1:
Für ein **Fladenbrot mit getrockneten Tomaten** 50 g getrocknete, in Öl eingelegte Tomaten abtropfen lassen, hacken und zusätzlich unter den Teig kneten. Den Teig auf der bemehlten Arbeitsfläche zu einem ovalen Fladen (etwa 32 x 15 cm) ausrollen und auf ein mit Backpapier belegtes Backblech legen. Den Teigfladen mit Wasser bestreichen und mit Mehl bestäuben. Den Teig 10 Minuten ruhen lassen und anschließend wie im Rezept beschrieben backen. Die angegebene Menge Speiseöl kann beim Tomatenbrot durch Tomatenöl (von den eingelegten Tomaten) ersetzt werden.

Variante 2:
Für ein einfaches **Vollkorn-Kastenbrot mit Körnern** den Teig wie im Rezept aus 250 g Vollkorn-Dinkelmehl oder Vollkorn-Weizenmehl, 100 g Weizenmehl, 1 Päckchen Dr. Oetker Hefeteig Garant, 1 Teelöffel flüssigem Honig, 1 gestrichenen Teelöffel Salz, 50 g gemischten Körnern (z. B. Sonnenblumenkernen, Kürbiskernen, Leinsamen), 4 Esslöffeln Speiseöl und 200 ml Wasser zubereiten. Den Teig auf der bemehlten Arbeitsfläche kurz zu einer 25 cm langen Rolle verkneten. Eine Kastenform (25 x 11 cm) fetten und mehlen. Den Backofen vorheizen (Ober-/Unterhitze: etwa 200 °C/Heißluft: etwa 180 °C). Die Teigrolle in die Form legen, andrücken, mit Wasser bestreichen und mit Vollkornmehl bestäuben. Den Teig zugedeckt etwa 10 Minuten ruhen lassen. Die Form im unteren Drittel auf dem Rost in den vorgeheizten Backofen schieben und das Brot etwa 25 Minuten backen. Anschließend das Brot auf einen Kuchenrost stürzen, umdrehen und erkalten lassen.

Zutaten:

Für den Teig:
375 g Weizenmehl
1 Pck. Dr. Oetker Hefeteig Garant
1 TL flüssiger Honig
1 gestr. TL Salz
4 EL Speiseöl,
z. B. Olivenöl, Sonnenblumenöl
200 ml Wasser

Insgesamt:
E: 41 g, F: 44 g, Kh: 292 g,
kJ: 7489, kcal: 1789, 24,5

Zubereitung:

1. Für den Teig Milch leicht erwärmen. Mehl in eine Schüssel geben und in die Mitte eine Vertiefung drücken. Hefe hineinbröckeln, Zucker und etwas Wasser hinzufügen. Alles mit einer Gabel vorsichtig verrühren und etwa 10 Minuten stehen lassen.

2. Milch, Frischkäse, Salz und restliches Wasser hinzufügen. Die Zutaten mit Handrührgerät mit Knethaken zunächst kurz auf niedrigster, dann auf höchster Stufe in etwa 5 Minuten zu einem glatten Teig verarbeiten. Den Teig zugedeckt so lange an einem warmen Ort gehen lassen, bis er sich sichtbar vergrößert hat (etwa 30 Minuten).

3. Den Teig leicht mit Mehl bestäuben, aus der Schüssel nehmen, auf einer leicht bemehlten Arbeitsfläche nochmals gut durchkneten und zu einer Rolle formen. Teigrolle in 12 gleich große Portionen teilen und zu Brötchen formen. Brötchen mit etwas Abstand auf einem Backblech (mit Backpapier belegt) zu einem Kranz zusammenlegen und mit etwas Mehl bestäuben.

4. Brötchen nochmals zugedeckt so lange an einem warmen Ort gehen lassen, bis sie sich sichtbar vergrößert haben (20–30 Minuten). Inzwischen den Backofen vorheizen.
Ober-/Unterhitze: etwa 200 °C
Heißluft: etwa 180 °C

5. Die Brötchen evtl. an der Oberfläche mit einem scharfen Messer leicht anritzen. Das Backblech in den vorgeheizten Backofen schieben und den Kranz **25–30 Minuten backen.**

6. Den Brötchenkranz vom Backpapier lösen und auf einem Kuchenrost erkalten lassen.

Tipps:

Statt frischer Hefe kann auch ein Päckchen Trockenbackhefe verwendet werden. Dann alle Zutaten zusammen in eine Rührschüssel geben und wie in Punkt 2 beschrieben etwa 5 Minuten kneten. Dann weiter nach Rezept vorgehen. Bunter werden die Brötchen, wenn zusätzlich eine fein gewürfelte rote Paprikaschote unter den Teig geknetet wird.

Das frische Extra
Partybrötchen mit Frischkäse

Dauert etwa 30 Minuten, ohne Teiggehzeit
Backzeit: 25–30 Minuten
12 Stück

Zutaten:

Für den Hefeteig:
125 ml (⅛ l) Milch
500 g Weizenmehl
1 Pck. (42 g) frische Hefe
½ gestr. TL Zucker
125 ml (⅛ l) lauwarmes Wasser
150 g Doppelrahm-Frischkäse mit Kräutern
1–2 gestr. TL Salz

Pro Stück:
E: 6 g, F: 4 g, Kh: 32 g,
kJ: 784, kcal: 187, BE: 2,5

Getrunken wird immer

Die nächste Party, der nächste Geburtstag oder der DVD-Abend steht an und Sie wollen Ihren Gästen etwas anderes als Bier, Wein und Wasser anbieten? Dann sind Sie hier genau richtig. Hier sind die tollen Rezepte für Cocktails mit oder ohne Promille, Longdrinks, Kaffeespezialitäten, Bowlen, Limonaden oder Smoothies.

Begeistern Sie Ihre Gäste mit Klassikern, wie Daiquiri, Wodka Lemon oder Planter's Punch. Überraschen Sie sie mit den neuen Trendgetränken, wie dem Bombay Crushed oder Sex on the beach.

Auch Autofahrer kommen bei der leckeren Auswahl an alkoholfreien Cocktails auf Ihre Kosten. Warum also Wasser trinken, wenn Ipanema, Tizian oder Coco Choco besser schmecken?

Ihre Gäste bleiben über Nacht? Kein Problem. Wie wäre es am nächsten Morgen mit einem leckeren Breakfast- oder Beeren-Smoothie zum Frühstück? Und dazu einen Wiener Kaffee.

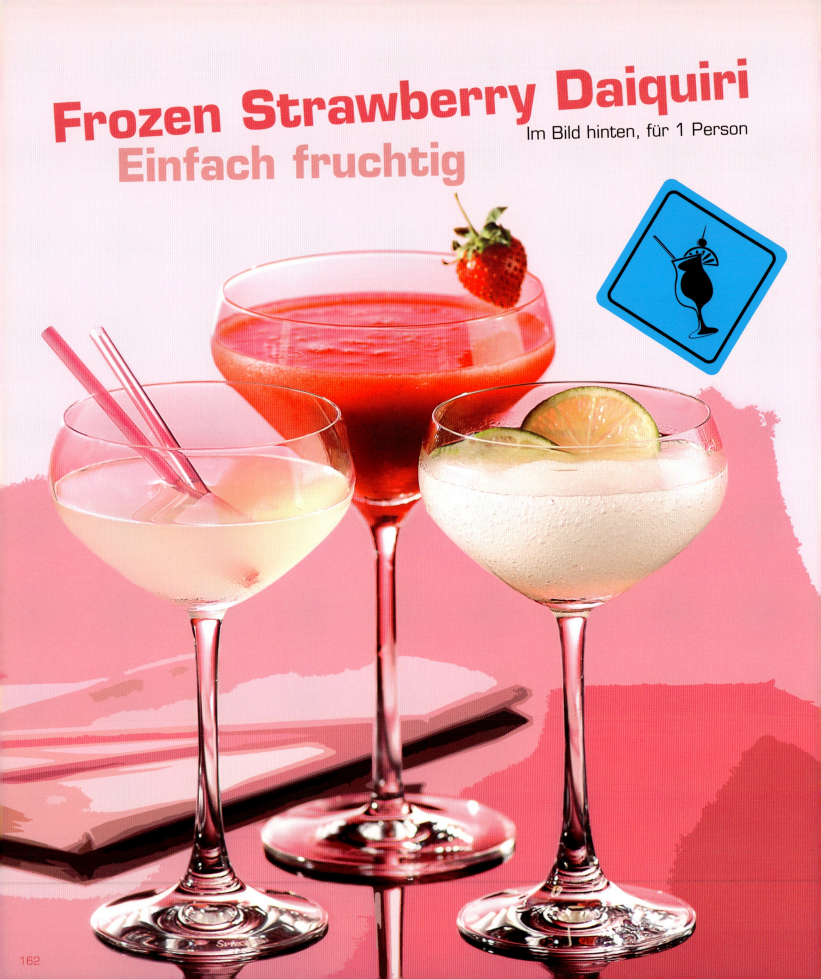

Frozen Strawberry Daiquiri
Einfach fruchtig

Im Bild hinten, für 1 Person

Zubereitung:

1. Die Erdbeeren abspülen, trocken tupfen und entstielen. Von den Erdbeeren 1 schöne Erdbeere mit Grün zum Garnieren beiseitelegen. Erdbeeren mit den restlichen Zutaten in einen hohen Rührbecher geben und gut pürieren.

2. Den Drink in eine gut gekühlte Cocktailschale gießen und den Glasrand mit der beiseitegelegten Erdbeere garnieren.

Tipp:

Noch fruchtiger wird der Drink, wenn Sie anstelle von Zuckersirup Erdbeersirup verwenden.

Zutaten:

6 frische Erdbeeren
5 cl weißer Rum
Saft von ½ Limette
1 TL Zuckersirup
grob zerstoßenes Eis oder Crushed Ice

Zutaten:

4 cl weißer Rum
2 cl Limetten- oder Zitronensaft
2 cl Zuckersirup
einige Eiswürfel

Nach Belieben:
2 kurze Trinkhalme

Einfach
Daiquiri

Im Bild vorne links, für 1 Person

Zubereitung:

1. Rum mit Saft, Zuckersirup und einigen Eiswürfeln in einen Shaker geben und gut schütteln.

2. Anschließend den Drink durch ein Barsieb in eine gut gekühlte Cocktailschale abseihen. Nach Belieben den Drink mit den Trinkhalmen servieren.

Tipps:

Der Daiquiri kann statt mit Saft und Zuckersirup auch nur mit 4 cl Lime Juice zubereitet werden. Für **Frozen Daiquiri** (im Bild vorne rechts) die Zutaten für den Daiquiri mit ½ Tasse Crushed Ice im Elektromixer mixen. Den Drink nach Belieben mit Limettenscheiben garnieren.

Klassisch
Swimming Pool

Für 1 Person

Zutaten:

3 cl Wodka
4 cl Kokoslikör
1 cl Blue Curaçao
2 cl Schlagsahne
10 cl Ananassaft
einige Eiswürfel

Nach Belieben:
1 Ananasstück (frisch oder aus der Dose)
1 Trinkhalm

Zubereitung:

1. Wodka mit Likören, Sahne, Saft und einigen Eiswürfeln in einen Shaker geben und gut schütteln.

2. Anschließend den Drink durch ein Barsieb in ein zur Hälfte mit Eiswürfeln gefülltes Fancy- oder Longdrinkglas abseihen. Den Drink nach Belieben mit einem Ananasstück garnieren und mit einem Trinkhalm servieren.

Tipp:

Lassen Sie beim Shaken den Blue Curaçao weg und gießen Sie ihn erst auf den fertigen Drink, sodass er sich langsam mit dem Drink vermischt.

Zutaten:

4 cl Wodka
2 cl Pfirsichlikör
2 cl Grenadinesirup
4 cl Orangensaft
2 cl Ananassaft
einige Eiswürfel

Nach Belieben:
1 Cocktailkirsche
1 Scheibe von 1 Bio-Orange
(unbehandelt, ungewachst)
1 Holzspießchen

Für 1 Person

Einfach lecker
Sex on
the beach

Zubereitung:

1. Wodka, Pfirsichlikör, Grenadinesirup, Orangen- und Ananassaft
mit einigen Eiswürfeln in einen Shaker geben und gut schütteln.

2. Den Drink durch ein Barsieb in ein zur Hälfte mit Eiswürfeln
gefülltes Longdrinkglas abseihen.

3. Nach Belieben die Cocktailkirsche und Orangenscheibe auf das
Holzspießchen stecken, den Drink damit garnieren und servieren.

Klassisch Caipirinha

Für 1 Person

Zubereitung:

1. Die Limette heiß abwaschen, abtrocknen und achteln. Limettenachtel in einen Tumbler geben. Braunen Zucker und Lime Juice zugeben und alles mit einem Holzstößel gut zerdrücken.

2. Das Glas mit dem Eis auffüllen und den Cachaça darübergießen. Den Drink umrühren und mit den Trinkhalmen servieren.

Tipp:

Cachaça ist ein brasilianischer Zuckerrohrschnaps, der nicht wie Rum aus Melasse, sondern aus frischem Zuckerrohr hergestellt wird.
Köstlich schmeckt auch **Cachaça-Cola.** Dazu 4 cl Cachaça in ein zur Hälfte mit Eiswürfeln gefülltes Longdrinkglas geben, mit kalter Cola auffüllen und nach Belieben einen Spritzer Limettensaft dazugeben.

Zutaten:

1 Bio-Limette (unbehandelt, ungewachst)
2–3 TL brauner Zucker (Rohrzucker)
2 cl Lime Juice
grob zerstoßenes Eis oder Crushed Ice
5 cl Cachaça

2 kurze, dicke Trinkhalme

Schnell

Für 1 Person

Planter's Punch

Zutaten:

2 cl Zitronen- oder Limettensaft
4 cl Orangensaft
4 cl Maracujanektar
1 cl Grenadinesirup
4 cl brauner Rum
2 cl weißer Rum

einige Eiswürfel

Nach Belieben:
1 Scheibe von 1 Bio-Orange
(unbehandelt, ungewachst)
1 Cocktailkirsche
1 Trinkhalm

Zubereitung:

1. Säfte, Nektar, Sirup und Rum mit einigen Eiswürfeln in einen Shaker geben und gut schütteln. Den Drink durch ein Barsieb in ein zur Hälfte mit Eiswürfeln gefülltes Longdrinkglas abseihen.

2. Nach Belieben den Cocktail mit einer Orangenscheibe und der Cocktailkirsche garnieren und mit Trinkhalm servieren.

Zutaten:

6 Kumquats
½ Bio-Limette (unbehandelt, ungewachst)
2 TL brauner Zucker (Rohrzucker)
2 cl Lime Juice
Crushed Ice
5 cl Cachaça

Exotisch
Kumquats
Caipirinha

Für 1 Person

Zubereitung:

1. Kumquats und Limette heiß abwaschen, beides abtrocknen. Die Kumquats halbieren und die Limettenhälfte achteln.

2. Kumquathälften und Limettenachtel in einen Tumbler geben. Braunen Zucker und Lime Juice zugeben und alles mit einem Stößel gut zerdrücken.

3. Anschließend das Glas mit Crushed Ice auffüllen und den Cachaça darüber ins Glas gießen. Alles gut verrühren.

Tipp:

Servieren Sie den Drink mit 2 Trinkhalmen.

Raffiniert
Bombay Crushed

Für 1 Person

Zutaten:

4 Kumquats
2 TL brauner Zucker (Rohrzucker)
4 cl Lime Juice
Crushed Ice
6 cl Gin

Zubereitung:

1. Kumquats heiß abwaschen, abtrocknen und halbieren. Die halbierten Kumquats in einen Tumbler geben, braunen Zucker und Lime Juice hinzugeben. Alles mit einem Stößel gut zerdrücken.

2. Das Glas mit Crushed Ice füllen und den Gin darüber ins Glas gießen. Alles gut verrühren.

Tipp:

Servieren Sie den Cocktail mit einem Trinkhalm.

Beliebt
Aperol Sprizz

Im Bild rechts, für 1 Person

Zutaten:

einige Eiswürfel
4 cl Aperol Bitter
6 cl Prosecco
2 cl Sodawasser

1 Scheibe von 1 Bio-Orange
(unbehandelt, ungewachst)

Zubereitung:

1. Einige Eiswürfel in ein Longdrinkglas geben. Erst den Aperol, dann den Prosecco und zuletzt das Sodawasser hinzugeben, nicht verrühren.

2. Die Orangenscheibe halbieren, in den Drink geben und servieren.

Tipps:

Servieren Sie den Drink mit einem Trinkhalm.
Anstatt Prosecco können Sie auch einen trockenen Weißwein verwenden.

Im Bild links, für 1 Person

Erfrischend
Aperol Sour

Zutaten:

5 cl Aperol Bitter
4 cl Zitronensaft
2 cl Zuckersirup
4 cl Orangensaft
einige Eiswürfel

Nach Belieben:
1 Scheibe von 1 Bio-Orange
(unbehandelt, ungewachst)
1 Cocktailkirsche
1 Holzspießchen

Zubereitung:

1. Die Zutaten für den Drink mit einigen Eiswürfeln in einen Shaker geben und kräftig schütteln.

2. Nach Belieben die Orangenscheibe mit der Cocktailkirsche auf das Holzspießchen stecken. Einige Eiswürfel und das Spießchen in einen Tumbler geben.

3. Den Drink durch ein Barsieb in das vorbereitete Glas abseihen und servieren.

Tipp:

Servieren Sie den Drink nach Belieben mit einem Trinkhalm.

Wodka-Cranberry

Im Bild rechts, für 1 Person

Zutaten:

einige Eiswürfel
4 cl Wodka
12 cl Cranberry-Saft

1 Trinkhalm

Nach Belieben:
3–4 Cranberries
1 Holzspießchen

Zubereitung:

1. Ein Longdrinkglas zur Hälfte mit Eiswürfeln füllen. Wodka und Cranberry-Saft dazugeben und gut umrühren.

2. Nach Belieben die Cranberries auf das Holzspießchen stecken und den Drink damit garnieren.

Tipps:

Dieser Drink schmeckt auch mit anderen Säften, z. B. Orangen- oder Kirschsaft.
Den Drink mit einem Trinkhalm servieren.

Wodka-Lemon

Im Bild links, für 1 Person

Zubereitung:

1. Ein Longdrinkglas zur Hälfte mit Eiswürfeln füllen. Wodka und Zitronensaft dazugeben und gut umrühren.

2. Bitter Lemon hinzugießen. Nach Belieben die Zitronenscheibe vierteln, Zitronenviertel in den Drink geben und mit Trinkhalmen servieren.

Tipp:

Anstelle von Bitter Lemon können Sie auch Tonic Water, Zitronen- oder Orangenlimonade oder Eistee verwenden.

Zutaten:

einige Eiswürfel
4 cl Wodka
2 cl Zitronensaft
8–10 cl Bitter Lemon

Nach Belieben:
1 Scheibe von 1 Bio-Zitrone
(unbehandelt, ungewachst)
2 Trinkhalme

Fruchtig frisch
Ipanema

Im Bild links, für 1 Person

Zubereitung:

1. Die Limette heiß abwaschen, abtrocknen und in Achtel schneiden. Limettenachtel in ein Glas geben und Lime Juice hinzugeben. Die Limettenstücke mit einem Stößel darin zerdrücken, dann braunen Zucker darüberstreuen.

2. Eis hinzugeben und das Glas mit Ginger Ale auffüllen. Den Drink umrühren, mit Minze garnieren und nach Belieben mit Trinkhalm servieren.

Zutaten:

1 Bio-Limette (unbehandelt, ungewachst)
2 cl Lime Juice
2 TL brauner Zucker (Rohrzucker)
Crushed Ice oder grob zerstoßenes Eis
Ginger Ale

frische Minze

Nach Belieben:
1 Trinkhalm

Zutaten:

10 cl kalter roter Traubensaft
10 cl kalter alkoholfreier Sekt
einige Eiswürfel

Nach Belieben:
einige rote Trauben
1 Holzspießchen

Erfrischend
Tizian

Im Bild rechts, für 1 Person

Zubereitung:

1. Traubensaft in ein zur Hälfte mit Eiswürfeln gefülltes Longdrinkglas geben und den Sekt hinzugießen.

2. Nach Belieben Trauben abspülen, abtropfen lassen und auf das Holzspießchen stecken. Das Glas mit den Trauben verzieren und den Drink servieren.

Tipp:

Nach Belieben können Sie den alkoholfreien Sekt durch normalen Sekt oder Prosecco ersetzen.

Raffiniert
Virgin Piña Colada

Im Bild rechts, für 1 Person

Zubereitung:

1. Havana Bar Sirup mit Kokossirup, Ananassaft, Schlagsahne und einigen Eiswürfeln in einen Shaker geben und kräftig schütteln.

2. Den Drink durch ein Barsieb in ein zur Hälfte mit Eiswürfeln gefülltes Longdrink- oder Fancyglas abseihen.

3. Nach Belieben Ananasstück und Cocktailkirsche auf das Holzspießchen stecken und den Glasrand damit verzieren. Den Cocktail mit Trinkhalm servieren.

Tipp:

Sie können den Bar Sirup durch 1–2 Tropfen Rum-Aroma und Zuckersirup ersetzen.

Zutaten:

4 cl Havana Bar Sirup (alkoholfreier Sirup mit Rum-Geschmack)
2 cl Kokossirup
8 cl Ananassaft
6 cl Schlagsahne
einige Eiswürfel

Nach Belieben:
1 Ananasstück
1 Cocktailkirsche
1 Holzspießchen
1 Trinkhalm

Beliebt
Coco Choco

Im Bild links, für 1 Person

Zutaten:

2 cl dunkler Schokoladensirup
4 cl Cream of Coconut (Kokosnusscreme)
10 cl kalte Milch
einige Eiswürfel

Nach Belieben:
1 Trinkhalm

Zubereitung:

1. Sirup mit Kokosnusscreme, Milch und einigen Eiswürfeln in einem Elektromixer kräftig mixen.

2. Den Drink durch ein Barsieb in ein großes Longdrinkglas mit einigen Eiswürfeln abseihen und nach Belieben den Cocktail mit Trinkhalm servieren.

Kleine Warenkunde:

Cream of Coconut ist eine dickflüssige Kokosnusscreme aus Kokosnussfleisch, Rohrzucker und Wasser. Verwendung findet sie überwiegend bei der Herstellung von Cocktails.

Zutaten:

1 l stilles Mineralwasser
100–150 g Zucker
1 Prise Salz
10–20 ml Zitronensaft
50 ml Grenadine Sirup

Zubereitung:

1. Wasser, Zucker und Salz in einem Topf unter Rühren zum Kochen bringen.

2. Anschließend die Mischung abkühlen lassen und nach Belieben in einen Glaskrug füllen. Die Mischung etwa 2 Stunden mit Frischhaltefolie zugedeckt in den Kühlschrank stellen.

3. Anschließend Zitronensaft und die Grenadine unterrühren.

Tipps:

Servieren Sie die Limonade nach Belieben in Gläsern mit viel Eis, mit Trinkhalmen und Physalis garniert.
Sie können die Limonade in einer gründlich gereinigten, verschließbaren Flasche etwa 3 Tage aufbewahren.

Im Bild vorn rechts, für 4 Gläser

Ingwerlimonade

Erfrischend würzig

Zutaten:

25 g Ingwerwurzel
1 l stilles Mineralwasser
100–150 g Zucker
1 Prise Salz
50 ml Zitronensaft

Zubereitung:

1. Ingwerwurzel schälen und in Scheiben schneiden. Ingwerscheiben mit Wasser, Zucker und Salz in einem Topf unter Rühren zum Kochen bringen.

2. Anschließend die Mischung abkühlen lassen und nach Belieben durch ein Sieb in einen Glaskrug füllen. Die Mischung etwa 2 Stunden mit Frischhaltefolie zugedeckt in den Kühlschrank stellen.

3. Anschließend den Zitronensaft zugeben und umrühren.

Tipp:

Servieren Sie die Limonade nach Belieben in Gläsern mit viel Eis, Trinkhalmen und den Ingwerscheiben.

Pink Limonade

Im Bild links, für 4 Gläser

Pretty in Pink

Caipirinha-Bowle
Für laue Sommernächte

Zubereitung:

1. Von den Limetten 7–8 Stück heiß abspülen, abtrocknen und achteln. Limettenachtel in ein Bowlengefäß geben und mit dem Zucker vermengen. Mit einem Holzstößel die Limetten zerdrücken, sodass der Saft austritt. Cachaça dazugießen, umrühren und das Gefäß in den Kühlschrank stellen.

2. Melone halbieren und die Kerne mit einem Löffel herausschaben. Die Melone schälen und das Fruchtfleisch in kleine Würfel schneiden oder mit einem Kugelausstecher ausstechen. Melonenwürfel oder -kugeln ebenfalls in das Bowlengefäß geben. Die Mischung etwa 2 Stunden mit Frischhaltefolie zugedeckt in den Kühlschrank stellen.

3. Kurz vor dem Servieren die letzten beiden Limetten so schälen, dass die weiße Haut mitentfernt wird. Die Limetten vierteln, dann in Scheiben schneiden. Limettenscheiben, Mineralwasser, Sekt und Eiswürfel zur Mischung geben. Die Bowle zum Servieren in Gläser gießen, mit Löffeln und Trinkhalmen servieren.

Tipp:

Anstelle von Limettenscheiben die beiden letzten Limetten zu Beginn auspressen und den Saft mit 150 ml Mineralwasser vermischen. Die Mischung in Eiswürfelbehälter füllen und zum Servieren anstelle der Wassereiswürfel in die Bowle geben.

Klassisch
Altbier-Bowle
Ohne Bild, für 8–10 Gläser

Zubereitung:

1. Minze abspülen, abtropfen lassen und in ein Bowlengefäß geben. Minze mit Whiskey übergießen und etwa 1 Stunde ziehen lassen.

2. Anschließend den Ansatz durch ein Sieb gießen und die Flüssigkeit zurück in das Bowlengefäß geben. Altbier und Zucker zugeben, umrühren und etwa 30 Minuten mit Frischhaltefolie zugedeckt in den Kühlschrank stellen.

3. Inzwischen Karambolen abspülen, abtrocknen und die Enden abschneiden. Die Früchte in Scheiben schneiden und in die Bowle geben. Grapefruitsaft hinzugeben, umrühren und die Bowle servieren.

Zutaten:

2 Bund Minze
250 ml (¼ l) Whiskey
3 l sehr kaltes Altbier
150 g Zucker
2 Karambolen
(Sternfrüchte)
250 ml (¼ l) Grapefruitsaft

Tipp:

Nach Belieben können Sie als Dekoration frische Minzeblätter und Karambolescheiben verwenden. Da die Karambolescheiben schnell bräunlich werden, die Scheiben mit etwas Zitronensaft beträufeln.

Zutaten:

9–10 Bio-Limetten
(unbehandelt, ungewachst)
250 g brauner Zucker
(Rohrzucker)
250 ml (¼ l) Cachaça
1 kleine Galia-Melone
1,4 l kaltes Mineralwasser
1,5 l kalter trockener Sekt
einige Eiswürfel

Spanische Schokolade

Für 2–3 Personen

Raffiniert

Zubereitung:

1. Zartbitter-Schokolade reiben. Milch, geriebene Schokolade und Zimt in einem Topf bei schwacher Hitze unter Rühren so lange erwärmen, bis die Schokolade geschmolzen ist.

2. Eier unterrühren und so lange unter Rühren erhitzen, bis die Schokolade dicklich ist. Die Masse nicht kochen lassen, da das Ei sonst gerinnt.

3. Die spanische Schokolade in 2–3 Gläser füllen, nach Belieben mit geriebener Schokolade garnieren und sofort servieren.

Hinweis:

Für dieses Getränk nur ganz frische Eier verwenden, die nicht älter als 5 Tage sind (Legedatum beachten!). Das Getränk sofort trinken.

Wiener Kaffee

Ohne Bild, für 3–4 Personen

Etwas aufwendiger

Zubereitung:

1. Schokolade in Stücke brechen und in eine Metallschüssel geben. Die Schokolade im heißen Wasserbad bei schwacher Hitze unter Rühren schmelzen lassen.

2. Zucker und Sahne unterrühren. Den Kaffee nach und nach mit einem Schneebesen unterschlagen. So lange schlagen, bis die Masse schaumig ist.

3. Zum Garnieren Sahne steif schlagen. Den Schokoladenkaffee in 3–4 Tassen geben und mit der geschlagenen Sahne bedeckt servieren.

Zutaten:

125 g Zartbitter-Schokolade
1 TL Zucker
3 EL Schlagsahne
750 ml (¾ l) frisch gekochter Kaffee

Zum Garnieren:
100 g Schlagsahne

Zutaten:

60 g Zartbitter-Schokolade
500 ml (½ l) Milch
1 TL gemahlener Zimt
2 Eier (Größe M)

Nach Belieben:
etwas geriebene Schokolade

Café Frappé
Eiskalt erwischt

Für 2–4 Personen

Zubereitung:

1. Kaffee mit Zucker verrühren und abkühlen lassen.

2. Den Kaffee mit den Eiswürfeln und der Sahne in einen Elektromixer geben. Die Kaffeemischung kräftig mixen, bis das Getränk im Mixer schäumt. Den Café Frappé sofort in 2–4 Gläser geben und servieren.

Tipp:

Nach Belieben können Sie den Café Frappé mit einem Kaffee-, Schokoladen- oder Sahnelikör aromatisieren.

Zutaten:

600 ml frisch gekochter, starker Kaffee
180 g Zucker
6 Eiswürfel
100 g Schlagsahne

Raffiniert
Spiced Iced Coffee

Ohne Bild, für 4 Personen

Zutaten:

1 l frisch gekochter, starker Kaffee
1 Zimtstange
4 Gewürznelken
50 g Zucker
einige Eiswürfel

Nach Belieben:
Sprühsahne
4 Trinkhalme

Zubereitung:

1. Den Kaffee mit der Zimtstange, den Gewürznelken und dem Zucker verrühren.

2. Die Mischung abkühlen lassen, dann in den Kühlschrank stellen.

3. Die Gewürze entfernen. Jeweils 4 Gläser mit einigen Eiswürfeln füllen und die Kaffeemischung darübergießen.

4. Nach Belieben auf den Spiced Iced Coffee einen Tupfen Sprühsahne geben und mit einem Trinkhalm servieren.

Zutaten:

1 Papaya
½ Banane
5 EL Joghurt
100 ml Maracujanektar

Im Bild links, für 1 Person

Papaya-Smoothie
Exotisch

Zubereitung:

1. Papaya halbieren und die Kerne mit einem Esslöffel herausschaben. Papaya schälen und das Fruchtfleisch in Stücke schneiden. Die halbe Banane ebenfalls schälen und in Stücke schneiden.

2. Papaya-, Bananenstücke, Joghurt und Maracuja-nektar in einen hohen Rührbecher geben und pürieren. Den Smoothie nach Belieben noch einige Zeit in den Kühlschrank stellen und in einem Glas servieren.

Tipps:

Servieren Sie den Smoothie mit 2 Trinkhalmen. Der Smoothie schmeckt auch mit Fruchtjoghurt (z. B. Maracuja-Geschmack) sehr gut.

Zutaten:

3 Bananen
1 große Mango (etwa 350 g)
500 ml (½ l) kalter Orangensaft
40 g abgezogene, gehobelte Mandeln
1–2 EL Agavendicksaft (Reformhaus)
oder flüssiger Honig

Im Bild rechts, für 4 Personen

Mandel-Mango-Smoothie
Beliebt

Zubereitung:

1. Bananen schälen und in etwa 1 cm dicke Scheiben schneiden. Bananenscheiben in den Gefrierschrank legen. Mangofruchtfleisch vom Stein schneiden, Fruchtfleisch schälen und würfeln. Evtl. 4 kleine Spalten zum Garnieren abschneiden und beiseitelegen. Mangowürfel ebenfalls einfrieren.

2. Mandeln in einer Pfanne ohne Fett hellbraun rösten und auf einem Teller erkalten lassen. Evtl. einige Mandeln zum Garnieren beiseitelegen.

3. Alle Zutaten mit Agavendicksaft oder Honig in einen hohen Rührbecher geben und pürieren. Smoothie in 4 Longdrinkgläser verteilen und nach Belieben mit den beiseitegelegten Mangospalten und Mandeln garnieren.

Allgemeine Hinweise zu den Rezepten

Alle Rezepte, die für 1 Person oder 1–2 Personen angegeben sind, lassen sich problemlos für Gäste vervielfachen.

Die Nährwerte sind pro Person oder Stück angegeben. Wenn Sie keine großen Pfannen oder Auflaufformen besitzen um größere Portionen zuzubereiten, können Sie die Gerichte auf 2 Portionen aufteilen. Oder Mutter oder der Nachbar hilft mit einer großen Form aus.

Lesen Sie vor der Zubereitung das Rezept einmal vollständig durch. Oft werden Arbeitsabläufe oder -zusammenhänge dann klarer.

Die in den Rezepten angegebenen Backtemperaturen und -zeiten sind Richtwerte, die nach individueller Hitzeleistung des Backofens über- oder unterschritten werden können. Bitte beachten Sie deshalb bei der Einstellung des Backofens die Gebrauchsanweisung des Herstellers.

Die Zubereitungszeit beinhaltet nur die Zeit für die eigentliche Zubereitung, lange Garzeiten sind gesondert ausgewiesen. Längere Wartezeiten, z. B. Kühl- und Auftauzeiten, sind nicht mit einbezogen.

Abkürzungen:

EL	= Esslöffel
TL	= Teelöffel
Msp.	= Messerspitze
Pck.	= Packung/ Päckchen
g	= Gramm
kg	= Kilogramm
ml	= Milliliter
l	= Liter
Min.	= Minuten
Std.	= Stunden
evtl.	= eventuell
geh.	= gehäuft
gestr.	= gestrichen
TK	= Tiefkühlprodukt
°C	= Grad Celsius
ø	= Durchmesser
E	= Eiweiß
F	= Fett
Kh	= Kohlenhydrate
kJ	= Kilojoule
kcal	= Kilokalorien
BE	= Broteinheit

Kapitelregister

Alphabetisches Register

Für Fragen, Vorschläge oder Anregungen stehen Ihnen der Verbraucherservice der Dr. Oetker Versuchsküche
Telefon: 0 08 00 71 72 73 74 Mo.–Fr. 8:00–18:00 Uhr, Sa. 9:00–15:00 Uhr (gebührenfrei in Deutschland)
oder die Mitarbeiter des Dr. Oetker Verlages
Telefon: +49 (0) 521 5206 50 Mo.–Fr. 9:00–15:00 Uhr
zur Verfügung

Schreiben Sie uns:
Dr. Oetker Verlag KG, Am Bach 11, 33602 Bielefeld
oder besuchen Sie uns im Internet unter www.oetker-verlag.de.

Umwelthinweis	Dieses Buch und der Einband wurden auf chlorfrei gebleichtem Papier gedruckt. Die Einschrumpffolie – zum Schutz vor Verschmutzung – ist aus umweltfreundlichem und recyclingfähigem PE-Material.
Copyright	© 2011 by Dr. Oetker Verlag KG, Bielefeld
Redaktion	Carola Reich
Innenfotos	Walter Cimbal, Hamburg (S. 130) Fotostudio Diercks, Kai Boxhammer, Christiane Krüger, Hamburg (S. 14, 41, 44, 52, 63, 85–89, 93–96, 116, 154) Ulli Hartmann, Halle/Westf. (S. 141, 145) Antje Plewinski, Berlin (S. 6, 7, 9–13, 17–21, 24, 27, 29, 32–39, 43, 43, 49, 50, 56–61, 64–83, 90, 99–115, 119–128, 132, 133, 135–138, 143, 146–152, 157–172, 179–188, 191) Hans-Joachim Schmidt, Hamburg (S. 23, 31, 48, 54) Axel Struwe, Bielefeld (S. 174, 177)
Rezeptentwicklung und -beratung	Irmgard Radke, Calden Anke Rabeler, Berlin
Foodstyling	Anke Rabeler, Berlin
Wir danken für die freundliche Unterstützung	Coca-Cola, Berlin
Nährwertberechnungen	Nutri Service, Hennef
Grafisches Konzept	kontur:design, Bielefeld
Titelgestaltung	kontur:design, Bielefeld
Reproduktionen	Mohn media Mohndruck GmbH, Gütersloh
Satz	kontur:design, Bielefeld
Druck und Bindung	Mohn media Mohndruck GmbH, Gütersloh

ISBN 978-3-7670-0993-6